직장 생활의 공기를 읽어라

직장 생활의 공기를 읽어라

윤영철 지음

CONTENT

〈직장 생활의 공기를 읽어라〉는 순서대로 읽기보다
끌리는 제목부터 읽으시길 권합니다.

나를 헐값에 내놓지 않고 상대의 가치도 후려치지 않는 능력
관계 탄력성

관계 탄력성

관계 탄력성은 나를 헐값에 내놓지도 않고, 상대의 가치도 후려치지 않기 위해 관계를 밀고 당기는 능력입니다.
관계 탄력성은 눈치만 보지 않고 공기를 읽고, 예의와 매너라는 기준으로 부드럽게 선을 그으면서도 서로를 존중하는 협업을 가능하게 합니다.
나의 관계 탄력성이 높아지면 심리적 안전감이 커지고 협업이 가능한 사람이 되어 나의 성과와 관계 만족도가 올라갑니다.

#공기 읽기 #건강한 관계 #쿨하지마 #술에 밥 말아 먹지 않기 #위임전결 #유연한 관계의 벽 #최소한의 희생

01
눈치 보지 말고 공기를 읽으세요

'공기를 읽다'라는 일본어가 있습니다. 현장의 분위기와 상황에서 암묵적으로 요구되는 것, 타인의 의도와 감정을 파악하고 그에 맞게 행동하는 것을 의미합니다. 영어로는 'read the room'인데, 방 안에 있는 사람들의 의도와 감정을 파악하자는 뜻입니다.

제가 좋아하는 영화 중에 〈인턴〉이라는 작품을 예로 들어 설명해 보죠. 영화의 주인공은 70세의 인턴입니다. 젊은 CEO 줄스와 일하게 되는 그는 말이 많지 않고 조용하지만, 상황을 기가 막히게 읽어요. 줄스가 회의 중에 피곤한 얼굴을 하고 있으면 아무 말 없이 커피를 건네고, 누가 시키지 않아도 물건이 쌓여 있던 책상을 정리하며, 급하게 찾는 자료가 어디 있는지 메모해 넌지시 건넵니다.

말수는 적지만, 언제 커피를 건네야 할지, 어떤 일이 겹칠지를 먼저 읽어냅니다. 이런 능력을 심리학에서는 '대인 민감도interpersonal sensitivity'라고 해요. 이건 단순히 눈치를 보는 것과는 다릅니다. 보통 '눈치 본다'는 말은 상대의 감정 변화에 따라 나의 행동을 통제하는 부정적인 의미지만, 대인 민감도는 상대의 감정적 변화를 넘어 문제에 대한 전체 상황을 파악하고 관계의 온도를 맞추는 능력이에요.

실제로 기업의 저성과자 교육에 가면, 저성과자라는 평가를 받은 분들은 게으름보다 대인 민감도가 낮은 경우가 많아요. 이게 무슨 뜻이냐면, 일을 못 해서가 아니라, 상황을 읽지 못하고 분위기에 안 맞는 말과 행동을 계속한다는 거예요. 일의 전체 프로세스를 읽지 못하고 "제 말이 틀려요?", "제 의견이 아니라 팩트입니다" 등과 같이 일부 사실이나 어느 단계에 꽂혀 한쪽에 치우친 의견을 제시하거나 행동을 반복하는 경우가 있어요. 이런 모습은 결국 같이 일하기 어려운 사람으로 여겨져 저성과자*가 되곤 합니다.

　　　'눈치 보기'가 타인의 감정 변화에 반응하는 수동적 행동이라면, '대인 민감도'는 전체 상황을 파악하여 나와 상대에게 필요한 행동을 먼저 조치하는 능동적 행동입니다. 가령 아내가 퇴근하고 집에 왔을 때 바로 쉴 수 있도록 미리 청소해 두는 건 눈치를 본 게 아니라, 아내의 상태와 필요를 미리 헤아린 능동적 공감이에요. 그리고 대인 민감도를 업무에 적용하는

---

* 저는 저성과자라는 표현을 반대합니다. 저성과라는 표현은 과거에 관한 판단이고, 앞으로 나아지길 기대한다면 성과 추격자, 성과 잠재자 또는 성과 개발자라고 부르면 어떨까 싶어요. 야구에서 '패전처리 투수'보다 긍적적인 의미인 '추격조'라는 용어를 쓰듯이 말입니다. 회사 내에서 통용되는 말들을 듣는 사람이 어떨지 개의치 않고 너무 쉽게 정하는 것 같아 안타까워서 번외로 적어 봅니다.

대표적인 방법이 '업무 번역'입니다. 상대의 상태와 필요에 따라 미리 일을 해석하고 번역하고 일을 읽는 것이죠.

••• 업무 번역은 공기 읽기입니다

"그거 이번 주까지 해줘"라는 이 짧은 말 안에는 사실 많은 정보가 숨어 있어요.

'누구를 위해?', '어떤 수준으로?', '지금 하고 있는 일보다 더 중요한가?' 이걸 정확히 해석하지 못하면 엉뚱한 결과물을 내놓게 되죠. 문화인류학자이자 다문화 연구자인 '에드워드 홀Edward Hall'이 창시한 고맥락high-context과 저맥락low-context 문화 개념은 의사소통 방식에 따라 분류되는데 한국, 일본, 중국처럼 관계와 분위기를 중요시하는 문화는 고맥락 문화에 속해요. 미국이나 독일처럼 말의 정확성을 중시하는 문화는 저맥락 문화로 상황에 크게 의존하지 않습니다. 우리나라는 대표적인 고맥락 문화에요.

예를 들어 상사가 '그거 좀 알아봐'라고 하면 정확한 목적, 기한, 기대 수준을 설명하지 않고도 팀원이 알아서 처리해 주길 기대하죠. 하지만 팀원 입장에선 당황할 수밖에 없어요.

'뭘, 언제까지, 어떻게?'가 빠져 있거든요. 상사는 설명도 다 안 해주고, 알아서 눈치껏 해주길 바라죠. 그래서 회사에서 필요한 공기 읽기 중 하나가 '업무 번역'입니다. 상사의 지시나 말 속에 있는 진짜 의미, 기대치, 우선순위를 읽고 행동으로 옮기는 능력이죠. 이걸 좀 더 구체적으로 말하면 3W 1P 원칙으로 설명할 수 있어요.

❶ WHO_ 누가 말했는가

같은 지시도 CEO의 말인지, 팀장의 말인지, 부서장의 말인지에 따라 중요도와 무게가 다릅니다. 그런데 "그건 누구 지시예요?"라고 직접 물으면 무례하게 들릴 수 있잖아요. 그래서 "이건 누구에게 보고드릴 내용일까요?"라고 이렇게 묻는 거예요.

❷ WHEN_ 언제까지 필요한가

내가 보고서 제출 기한을 언제까지 낼 수 있는지가 아니라, 상대가 언제 보기를 원하는지가 중요해요. "제가 언제까지 드릴까요?"보다 "언제 보시면 좋을까요?"라고 묻는 게 상대에게 맞춰주는 표현이죠. 이건 내가 일을 잘하기 위한 것도 있지만, '보조자'로서의 위치를 잡는 방법이기도 합니다.

❸ WHAT_ 무엇을 원하는가

상사는 A라고 말했지만, 사실 B나 C를 원하는 경우도 많아요. 그래서 "이건 어떤 방향으로 정리하면 좋을까요?", "현황 위주로 할까요, 아니면 개선안도 포함할까요?"라고 확인하는 것도 필요합니다. 이 한 문장 차이로 두 번 일하지 않아도 되고, 칭찬까지 받을 수 있어요.

❹ PRIORITY_ 우선순위 조율하기

회사 일은 대부분 ASAP이죠. 즉 가능한 한 빨리해 주길 바랍니다. 그런데 지금 진행 중인 일이 있는데 갑자기 또 일이 떨어지면 우선순위 조정이 필요해요. 그럴 때 업무를 요청하는 상사에게 다음처럼 말해보세요. "현재 A와 B 업무가 겹치는데, 우선순위를 조정해 주시면 더 정확하게 처리하겠습니다" 이 말 한마디가 전문성을 보여주는 동시에 협업자로서의 신뢰를 줍니다.

심리학자 '다니엘 골먼Daniel Goleman'은 요즘 같은 시기에는 사회적 지능이 중요하다고 합니다. 그가 말하는 사회적 지능은 타인의 감정, 동기, 행동을 직관적으로 이해하고 효과적으로 상호작용을 하는 능력이죠. 제가 앞서 말씀드린 대인 민감도와 비슷합니다.

상사가 '요즘 무슨 일 있냐?'라고 묻는 건, 진짜 당신의 안부가 궁금해서가 아니라 '요즘 집중력이 떨어졌네, 무슨 문제 있나?'를 돌려서 말한 걸 수도 있어요. "지난번 그 건은 어떻게 되었지?"는 "내가 안 물어봤으면 보고 안 할 뻔했네?"라는 뜻이고, "요즘 이 일 힘들지?"는 "이거 계속 맡길 수 있을까? 감당 가능해?"라는 의미일 수 있어요. 이런 감정과 의미의 '숨은 자막'을 읽어내는 게 사회적 지능의 핵심입니다. 이건 '감'이 아니라 경험을 통한 스킬이에요.

업무 번역을 통해 우리는 점점 더 이런 신호를 잘 읽게 됩니다. 상사의 말투, 동료의 침묵, 메신저의 문장 부호 하나까지도 다 맥락이에요. 그리고 이런 맥락을 읽어내는 감각은 결국 기회를 만듭니다. 말귀를 잘 알아듣는 사람은 보고서 하나로 신뢰를 얻고, 회의에서 말 한마디로 상황을 반전시키고, 행동 하나로 다음 프로젝트를 맡게 돼요. 사원 시절 혼나는 이유는 일을 못 해서가 아니라, 상황을 못 읽어서인 경우가 많습니다.

••• 나의 대사를 넘어 영화 전체를 해석하세요

제가 좋아하는 최민식 배우의 인터뷰를 본 적이 있습니다. 그는 촬영 시작 한참 전에 현장에 나온다고 합니다. 자기 대사를 달달 외우는 것도 중요하지만, 촬영 현장에서 조명이 어디서 들어오는지, 상

대 배우의 톤과 연기는 어떤지, 감독의 연기 제안 방향
은 어떤 것에 집중하는지를 먼저 나와서 살핀다고 합니
다. 나 혼자 대사를 완벽하게 외우는 것이 중요한 것이
아니라 영화의 맥락과 상대 배우와의 연기 호흡이 서로
맞는 것이 더 중요하다는 것이죠.

최민식 배우가 말하는 좋은 배우는 장면 전체를 읽고,
호흡과 조명을 이해하며, 상대의 리듬을 맞추는 배우
라는 것입니다. 이 인터뷰 기사를 읽은 후 저도 강의가
있는 날에는 강의장에 미리 가서 상황을 보거나 교육
생들이 앞서 어떤 강의를 들었는지, 교육생들은 회사
내부의 어떤 이슈에 관심이 있는지를 사전에 인터뷰합
니다.

　　　　내가 아는 것과 해야 할 것을 잘 전달하
는 것을 넘어, 그들 사이에서 어떤 대화가 관심을 끌고
그들의 관점에서 이해할 수 있도록 강의의 내용을 번역
해서 강의합니다. 이런 게 사회적 지능이 아닐까 싶습
니다. 여러분도 오늘 회사라는 촬영장에 미리 나가 현

장 상황은 어떤지, 상대 배우는 어떤 감정이고 전체 흐름은 어떤 식이며 리더는 어떤 디렉션을 주는지 자신의 감각을 깨워 보면 어떨까요?

작가의 친절한 잔소리 "저라면 이렇게 해 보겠어요"

- 맥락을 놓쳤을 때 "혹시 제가 놓친 것이 있을까요?"나 "A라고 이해한 것이 맞을까요?"처럼 말하면 무능해 보이지 않으면서도 놓친 맥락을 자연스럽게 확인할 수 있어요.

- 상사의 지시는 배경 →목적 →기한 →수준 →우선순위로 재확인하면 업무가 명확해져요.

- 대화만큼이나 메신저 소통도 중요해요. 평소에 마침표만 쓰던 상사가 갑자기 물음표를 쓴다면 찜찜한 상황일 수 있어요. 그럴 땐 "혹시 수정할 부분이 있을까요?"라고 먼저 물어보는 게 좋아요.

02

직장 생활은 액션과 리액션의 곱셈이에요

처음 입사하면 누구나 한 발 떨어진 관찰자 입장이 되죠. 회의실에 들어가면 누가 실제로 결정을 내리는지, 어떤 순간에 공기가 바뀌는지, 어느 자리에 앉아야 말이 덜 꼬이는지부터 눈으로 익힙니다. 밝게 인사하고 미소를 조금 더 짓고 말을 아끼며 표정의 문법을 먼저 배웁니다.

이것을 부족함으로 오해할 필요가 없습니다. 낯선 환경에 들어가면 자신의 부담을 줄이려는 본능이겠죠. 다만 이 상태가 길어지면 본인에게 좋지 않습니다. 괜히 눈에 띄지 않으려고 조용히 있다가 퇴근해서 생각해 보면, 뭔가를 배웠거나 일하는 방법이 정리되는 것이 아니라 "오늘 도대체 뭘 했나?", "오늘도 한마디 못 했구나"라는 공허함이 찾아옵니다. 주변에 좋게 보이려다가 정작 내가 해야 할 것을 놓친 거죠. 무난하고 원만한 사람으로 보이려고 마음과 에너지를 쓰다 보니 해야 할 일의 맥락 파악과 의사 결정의 근거를 챙기는 데 소홀하게 된 겁니다.

직장 생활은 내가 얼마나 주도적으로 액션하는지와 상사나 동료들의 액션에 대해 어떻게 리액션하는지의 곱셈입니다. 내 액션이 아무리 높아도 다른 사람의 리액션을 못 얻으면 0이 되고 상사나 동료의 리액션에 나의 액션이 없으면 그 역시 0이 되니까 말이죠.

이번 글은 '좋아 보이기'에서 '내 일을 잘 해 내기'로 조금씩 이동시키는 방법을 이야기해 보려 합니다. 직장 생활에서 관계를 버리자는 말이 아니라 관계를 잘 쓰되 나의 일이 앞으로 굴러가게 만드는 힘의 중심을 다시 세우자는 제안입니다.

회사에서는 상사의 표정 하나, 선배의 말투 한 줄에 하루의 리듬이 흔들릴 때가 있습니다. 그럴 때 자신을 탓하고 싶은 마음이 올라오지만, 그 반응은 누구에게나 있는 자연스러운 리액션입니다. 다만 직장 생활을 리액션만 하다가 하루를 낭비하고 에너지를 소모하지 말자는 겁니다. 남의 행동에 반응을 보이는 리액션과 스스로 생각하고 알아서 표현하는 액션 사이의 조화로운 기술이 필요합니다.

저는 그 기술이 액션과 리액션의 어울림이라고 생각해요. 한쪽에는 좋아 보이고 싶은 마음이 있고 다른 한쪽은 제대로 해내고 싶은 의지가 있죠.

잘 보이고 싶은 마음과 알아서 제대로 해내고 싶은 의지는 대립이 아니라 조화이고 어울림이죠. 이런 어울림의 기본은 무대뽀 정신이나 요란한 외침이 아니라 일상에서 반복되는 미세한 습관에서 비롯됩니다. 직장 생활이라는 줄타기에서 긴 장대를 들고 조심스럽게 걸어가듯, 회사의 요구 사항과 나를 지키려는 의지 사이에서 중심을 잡는 것, 그것이 균형감각이죠.

직장 생활에서 상사나 선배에게 보여야 하는 수동적 리액션과 제대로 일하는 능동적 액션을 어울리게 하려면 3가지가 필요합니다.

••• 액션과 리액션의 밸런스

첫째는 좋은 선배를 가려내는 눈입니다. 어느 직원은 입사 첫 달, 친절하고 농담 잘하는 선배를 무조건 따랐습니다. 회식 자리는 빠짐없이 참석했고, 부탁받은 일도 모두 수락했죠. 그러나 석 달쯤 지나 깨달았습니다. 선배는 친절하지만, 회사 생활에 필요한 배움을 거의 주지 않았다는 사실을요.

그 직원은 보고서 작성 요령도, 프로젝트 맥락도, 협업 방식도 배우지 못했습니다. 사원에게 가장 필요한 건 '재미있는 사람'이 아니라 회사 생활을 '가르쳐주는 사람'입니다.

　　　　　그렇다면 좋은 선배는 어떻게 가려낼 수 있을까요? 오늘 그 선배에게서 배운 학습 포인트가 있었는지, 실패했을 때 원인을 함께 분석해 주었는지, 새로운 시도를 해볼 기회를 주었는지를 자문해 보세요. 세 가지 중 두 가지 이상 해당하면, 그 사람은 회사 생활의 기초를 배우기 좋은 선배입니다.

　　　　　둘째는 피드백을 성장의 자원으로 바꾸는 루틴입니다. 루틴은 프로선수들이 경기에서 최상의 컨디션을 유지하기 위해 반복하는 행동을 말합니다. 회사 생활에서도 루틴은 일하는 실력을 키우는 강력한 도구가 됩니다. 예를 들어 어느 팀원은 상사가 보고서를 보고 "여기 다시 정리합시다"라는 말을 듣자마자 하루 종일 자기 자책에 빠졌습니다. 하지만 상사의 의도는 단순히 "문장 하나만 수정하자"는 것 뿐이었죠. 이렇게 피드백을 감정으로 해석하면 '나는 부족한가' 하는 자기 비하만 심해집니다.

이를 막으려면 피드백을 작업 단위로 번역하는 습관을 들여야 합니다. 상사가 한 말을 사실 그대로 적고, 내 해석을 옆에 적은 뒤, 수정할 작업 목표를 명확히 정의하는 겁니다. 예를 들어 "표를 다시 정리해 주세요"라는 피드백은 단순히 "표를 더 깔끔하게 구성하라"는 요청일 뿐입니다.

감정을 걷어내고 무엇을 고쳐야 하는지에 집중하세요. 또 하루를 '타인의 평가'로 닫지 않는 루틴을 만드는 것도 중요합니다. 하루를 마칠 때 오늘 시도한 것, 배운 학습 포인트, 기록할 것을 한 줄씩 적어보세요. 예컨대 "보고서 결론을 맨 앞에 써봄", "팀장은 숫자보다 흐름을 중시한다는 걸 배움", "회의에서 나온 질문 3개와 다음 예상 질문 2개를 메모함"처럼 말이에요. 이렇게 쌓인 기록은 스스로 성장하는 힘을 길러줍니다.

셋째는 팩트 1개와 의견 1개를 세트로 묶어 말하기입니다. 제가 만난 어떤 담당자는 고객사와의 미팅에서 "틀리면 창피할 것 같아서요"라며 한 번도 의견을 말하지 않았습니다. 그러던 어느 날 팀장이 제안한 방법 하나가 전환점이 되었습니다. 바로 팩트 하나와 의견 하나를 세트로 발언하는 방식이었습니다. 예를 들어 "이번 데이터는 작년보다 15% 상승했는데, 이 흐름을 유지하려면 추가 분석이 필요하다고 봅니다"라고 간결하게 말하는 겁니다.

그 담당자는 틀릴까 봐 주저하던 마음을 덜어내고 자신감 있게 발언할 수 있게 되었습니다. 아무 말도 안 하거나 팩트만 읊어대기보다 팩트 하나와 의견 하나를 섞어서 말해 보세요.

직장인은 혼자 일하는 작가나 강사와 달리 직장 내 관계, 자기 일의 성과 등을 균형 있게 관리해야 합니다(작가도 편집자와 출판사 대표, 북 마스터들에게 겁나 리액션합니다). 회사는 누구 하나 잘 되게 하기는 어렵지만, 누구 하나 못 되게 하기는 쉬운 곳이라서 각자의 이익과 질투가 섞여 있기 마련입니다. 하지만 회사에 출근해서 관계에 지나치게 많은 시간을 쓰며 리액션만 하면 나의 성과와 성장을 잃어버려요. 반대로 혼자 생각대로 일하고 행동하는 액션만 하면 '혼자 일하냐?'며 '돌아이' 취급받기 쉬워요. 결국 우리는 남의 리액션을 끌어내는 액션도 할 수 있어야 하고, 남의 액션에 리액션도 할 줄 알고 합니다.

••• 뭐라도 해야 뭐가 됩니다

직장은 어울려 일하는 곳이니 남의 인정은 필요하지만, 그것만 쫓으면 나를 잃기 쉽죠. 직장 생활의 기준을 남의 인정과 감정에서 내 학습과 성과로 옮기면 회사 생활은 대기 장소가 아니라 내 실력과 스타일을 완성하는 작업실로 바뀝니다. 작은 시도를 기록하고, 좋은 선배에게 배우며, 균형을 지켜가면 인정은 자연스럽게 따라옵니다. 그러려면 뭐라도 시도해야 해요.

회사 생활에서 일하는 실력은 기본이고, 관계를 관리하는 능력은 옵션입니다. 실력이 있어야 스스로를 지탱할 수 있고, 성과가 있어야 관계도 유지됩니다. 그래서 실력의 기본기를 단단히 쌓는 것이 우선입니다. 아기 돼지 삼형제 이야기를 떠올려 보세요. 첫째와 둘째는 쉬운 길을 택해 풀과 나무로 집을 지었지만, 늑대가 숨을 내뿜는 순간 집은 순식간에 무너졌습니다. 셋째는 힘들더라도 벽돌을 차곡차곡 쌓아 기초를 튼튼히 다졌습니다. 결국 셋째의 집만이 늑대의 공격을 견디며 오랫동안 안전할 수 있었죠. 회사 생활도 같습니다.

빠른 인정과 편한 관계를 쫓는 것은 풀과 나무로 집을 짓는 것과 같습니다. 시간이 걸리더라도 회사 생활의 기초를 벽돌처럼 하나씩 단단히 쌓아 올려야 늑대 같은 변수에도 흔들리지 않습니다. 회사가 실력보다 관계라는 말에 허무함을 느껴도, 새로운 시도를 멈추지 마세요. 내 인생은 절대 남이 살아주지 않습니다. 포기하지 마세요. 제가 일하던 직장보다 여러분이 일하는 직장은 분명 더 나아질 겁니다. 지금까지 나아졌고, 앞으로도 더 나아질 겁니다.

03

비굴한 정치 말고
건강한 관계를 만드세요

월요일 아침 9시, 팀 전체 화상회의가 막 시작되자마자 팀장의 한숨 섞인 말이 공기를 무겁게 만듭니다. "이번 주도 자료가 산더미네요. 이걸 언제 다 정리합니까?" 모두가 눈치만 보던 그때, 한 팀원이 손을 들어 아주 구체적인 제안을 내놓았죠. "제가 초안을 잡아볼게요. 시장에서 강조할 포인트를 채팅으로 주시면 묶어보겠습니다" 그러자, 스르르 흐름이 바뀌었습니다. 같은 사람들, 같은 과제, 같은 시간인데도 공기가 완전히 달라졌어요.

이 장면이 말해주는 건 명확합니다. 불만은 공기를 누르고, 적극적인 제안은 반전을 부릅니다. 이번 이야기는 이런 순간에 작동하는 아주 현실적인 방법입니다. 아첨이나 줄 서기가 아니라, 실력을 중심에 두고 말의 방식과 관계의 거리, 협업의 교섭을 안전하고 효율적으로 맞추는 법이에요. 한 문장으로 줄이면 이렇습니다.

'내 몫의 경계는 지키되, 협업은 열어두자'

이 방법은 나의 성과를 더 보태고, 내 마음도 덜 닳게 만듭니다. 사람이 모여 일하는 곳에는 언제나 서로의 영향력이 생기고, 그 영향이 쌓이면 크고 작은 정치가 만들어집니다. 문제는 그 정치의 유무가 아니라 어떤 방식과 어느 정도로 작동하느냐 예요. 그래서 우리는 가벼운 요령보다 묵직한 방법을 챙겨야 합니다. 이제 그 방법을 어떻게 일의 현장에 심을지 이야기해 볼게요.

••• 정치질이나 비굴함이 아닌 건강한 처세를 만드세요

'심리적 안전감'이라는 개념이 있어요. 이 개념은 보복이나 조롱 걱정 없이 질문·시도·실수를 공유할 수 있는 상태를 말합니다. 안전감이 높아지면 초안이 빨리 나오고, 피드백이 쉬워지고, 학습 속도가 붙습니다. '사회적 교환 이론'은 관계 속 주고받음의 균형을 설명하죠. 한 번의 호의가 다음번의 상호 행동을 부르고, 이러한 균형이 쌓여 신뢰를 키웁니다. 또한 '자기 결정성 이론'에 따르면 자율성과 유능감, 관계성이 충족될 때 동기가 오른다고 말합니다.

마지막으로 '직무 자원-요구' 모델에서도 주변의 요구가 크고 내가 가진 자원이 부족할 때 번아웃이 오지만, 자원이 충분하면 같은 요구도 버틴다고 설명해요.

정리하면 내 직장 생활에서 건강한 처세를 만드는 방법은 **말의 톤 앤 매너 바꾸기, 관계의 벽을 좁게 세우기, 최소한의 희생은 감수하기**입니다. 이 순서는 심리적 안전감에 대한 적용 난이도와 파급 범위를 점점 넓히는 순서입니다. 어떻게 해야 하는지 구체적으로 말씀드릴게요.

❙ 말의 톤 앤 매너를 가꾸기

억지로 밝게 행동하자는 뜻이 아니에요. 같은 사실도 어떤 관점으로 말하느냐가 서로의 에너지에 직접적인 영향을 줍니다. "왜 이렇게 늦었어요?"로 시작하면 대화는 과거로 후퇴하고 방어가 올라갑니다. "일정이 빡빡한데 여기부터 줄여보면 어떨까요?"로 시작하면 대화는 현재와 미래로 이동하고, 상대는 수세에서 협력 쪽으로 이동해요.

그리고 핵심은 **한 문장 안에 진행 가능성을 꼭 붙이는 습관**입니다. "지금 기준으로는 보고서가 커질 것 같아요"에서 멈추지 말고, "이번에는 지표를 세 개로 좁혀 핵심만 담고 나머지는 부록으로 빼보면 어떨까요?"처럼 다음 스텝을 함께 제안하는 거죠.
바로 답이 떠오르지 않을 때는 숨 한 번 고르고, "제가 이해한 게 맞는지 확인하고 싶어요" 같은 완충 문장으로 시간을 벌어도 좋아요.

"왜 이랬어?"라는 이유를 묻는 추궁형 언어는 심리적 안전감을 깎고, "이건 어때요?"라는 방법을 제안하는 대안형 언어는 안전감을 보탭니다. 안전감이 보태지면 촘촘한 검열 대신 거친 초안과 빠른 피드백이 가능해지고, 그 과정에서 속도와 품질이 함께 올라갑니다.

우리는 흔히 가까우니까, 친해서 또는 한 팀이니까 편하게 말하거나 상대가 잘 되길 바라는 마음에 잔소리를 하곤 하죠. 그런데 어떤 때는 상대가 잘 되길 바라기보다 자신의 감정을 배설하는 것일 수도 있어요. 상대가 잘되길 바라는 마음에 하는 지적이라면 자잘한 행동이나 이유를 묻는 그 형식이라도 좀 친절해야 하지 않을까요? 결국 말의 톤 앤 매너를 바꾼다는 건 팀의 우리가 일하는 심리적 환경을 바꾸는 일에 가깝다고 할 수 있어요.

▍관계의 벽을 좁게 세우기

벽이 아예 없으면 침범이 잦고, 벽이 너무 높으면 정보가 막힙니다. 그래서 벽을 드나들 수 있도록 좁고 낮게 세우는 감각이 필요합니다. 현장에선 자발적 아싸와 늘 중심에 서려는 인싸가 있어요. 아싸는 상대에 대한 배려나 무관심이 지나치고, 인싸는 자신에 대한 자신감이 지나치죠. 둘의 공통점은 과잉입니다. 건강한 처세의 기본값은 그 중간 지대예요.

담을 너무 높이면 오해가 쌓이고 협업의 비용이 커지며, 모든 동료에게 다가가 말하려면 내가 너무 지칩니다. 중간 지대는 일과 사람의 리듬을 함께 존중하는 구역이에요. 중간 지대로 가는 방법은 작은 루틴을 반복하는 겁니다. 회의 전 1분 근황 토크, 커피 타임의 5분 안부 같은 가벼운 체크인은 서로를 중간 지대로 모으는 장치입니다.
서로의 컨디션과 숨은 제약을 알면 같은 말도 다르게 들리고, 같은 요청도 다르게 받아들여집니다. 이때 핵심은 **내 벽만 세우지 말고, 남의 벽도 인정하는 것입니다. 평소 서로 벽을 인정하고 중간 지대에서 만나되, 혼자 점심을 먹고 싶을 때는 존중해 달라고 표현할 수 있죠. 하지만 늘 관계의 벽 뒤에 숨으면 어느새 당신은 벽을 두껍고 넓게 만드는 사람이 됩니다.

벽을 세울 때와 벽을 낮출 때도 구분할 수 있어야 합니다. 그래야 "오늘은 집중이 필요해서 점심은 혼자 먹을게요. 대신 오후 네 시쯤 짧게 커피 가능해요"처럼 내가 혼자 있고 싶다는 표현이 힘을 발휘할 수 있습니다.

분명한 거절에도 작은 보완책을 붙이면, 단절이 아니라 건설적인 제안이 됩니다. 그러면 예측 가능성이 생기고, 이는 곧 신뢰로 이어져요. 신뢰가 쌓이면 부탁의 비용이 내려가고, 부탁의 비용이 내려가면 협업의 빈도가 자연스럽게 올라갑니다.

벽을 좁게 세운다는 건 벽을 없애는 게 아니라 문을 만드는 일입니다. 열 수 있고, 닫을 수 있고, 예고하고, 때로는 활짝 열 수도 있는 문 말이죠.

▌최소한의 희생은 감수하기

무조건 예스도, 무조건 노도 아닌 조건부 제안이 핵심이에요. 워라밸을 지키면서 상대를 존중하는 현실적인 방식이죠. 금요일 퇴근 전 동료가 급히 도움을 청할 때 "오늘은 안 돼요"로 닫아버리면 관계가 굳습니다. 반대로 "지금 삼십 분은 가능해요. 더 필요하면 내일 오전 열 시부터 열한 시는 도울 수 있어요. 대신 월요일 오전 피드백은 다른 분이 맡아주면 좋겠습니다"라고 말하면, 작은 내 시간은 신뢰의 예치금이 되고 팀에는 작동할 수 있는 선택지가 남습니다.

여기엔 세 가지 효과가 동시에 들어 있어요. 내 경계를 해치지 않으면서 협력의 통로를 열어두고, 주고받기의 균형을 투명하게 만들며, 협업의 타이밍을 서로 학습하게 합니다.

사회적 교환 이론에 따르면 최소한의 희

생은 내 호의를 무리한 자기 소모가 아니라 균형 잡힌 교환으로 만든다고 해요. 그래야 관계가 즉흥적인 기분이 아니라 서로 주고받는 구조로 움직인다고 합니다. 자기 결정성 관점에서도, 조건부 제안은 상대에게 선택지를 주어 자율성을 살리고, 함께 만든 해결책은 유능감을 자극하며, 작은 호의는 관계성을 채워 동기를 끌어올린다고 합니다.

직무 자원-요구 모형에서도 보면 불확실한 말투, 불명확한 경계, 일방적인 통보식 협업은 정서적 자원을 줄여 서로가 번아웃을 부르고, 반대로 대안형 언어, 좁게 세운 벽, 조건부 교섭은 정서적 자원을 늘려준다고 합니다.

대안형 언어, 좁게 세운 벽, 조건부 교섭은 서로 맞물려 돌아갑니다. 말의 톤 앤 매너가 안전감을 보태면 초안이 빨리 나오고, 벽을 좁게 세운 관계는 그 초안을 더 안전하게 주고받게 만들며, 최소한의 희생은 막힌 순간에 흐름을 다시 열어줍니다. 결국 건강한 처세는 남들보다 요령이 뛰어나서가 아니라, 공기를 다루는 능력에서 시작돼요.

방 안의 공기를 눌러버리는 말 대신 움직이게 하는 말, 드나들 수 없는 벽 대신 드나들 수 있는 문, 모두를 소모하는 희생 대신 흐름을 살리는 최소한의 희생. 이 세 가지가 붙으면 팀의 경제학이 서서히 달라집니다. '함께 일하면 일이 앞으로 굴러간다'라는 인상이 생기고, 그 인상은 곧 신뢰가 되고, 신뢰는 다시 속도와 품질을 끌어올립니다.

●●● **의심은 나만 보호하지만, 신뢰는 우리를 살게 해요**

회사라는 단어 Company의 뿌리를 더듬어 보면 com(함께)과 panis(빵)이 나와요. 함께 먹을 빵이죠. 건강한 처세는 남의 빵을 빼앗는 요령이 아니라, **빵이 타지 않게 불을 맞추는 기술**입니다. 불이 너무 세면 금세 타고, 너무 약하면 반죽이 익지 않습니다.

오늘의 불은 말의 톤 앤 매너, 내일의 불은 관계의 벽을 좁게 세우는 감각, 모레의 불은 최소한의 희생으로 흐름을 여는 협업입니다. 관계의 불은 뜨거워서 지나치게 가까이 가면 내가 타고, 너무 멀리 있으면 내가 추워요. 업무도 마찬가지입니다. 의심만 하면 일이 안 되고 무조건 믿으면 망할 수 있어요.

서두의 화상회의로 다시 돌아가 봅시다. 모두가 한숨을 쉬던 그때, 한 사람이 대안을 말했을 뿐인데, 회의실 공기를 바꾸고 움직임을 만들었습니다. 우리도 오늘 이렇게 시작해 볼 수 있습니다.

첫째, 말의 톤 앤 매너에 진행 가능성을 한 줄 붙이고, 둘째, 관계의 벽을 좁게 세워 나와 남의 경계를 동시에 지키며, 셋째, 최소한의 희생으로 무조건 예스나 노 대신 조건부 제안으로 서로의 시간을 교섭하는 것. 이 세 가지가 익숙해질수록 팀은 덜 흔들리고, 당신은 덜 닳을 거예요.

회의가 끝나고 '오늘의 빵은 탔나 아니면 잘 구워졌나' 하는 질문에 고개가 자연스럽게 끄덕여진다면, 당신은 이미 건강한 처세의 선을 스스로 그려내고 있는 거예요.

04
쿨하지 마세요
선을 그으세요

••• **'쿨하게'의 '쿨'은 누가 정한 걸까요?**

회사에서 일하다 보면 종종 듣는 말이 있습니다. "쿨하게 넘어가자", "자네답지 않게 왜 그래? 원래 대인배잖아" 듣기에는 멋있고, 매력적으로 들립니다. 그런데 내 속은 어떤가요? 억지로 참아서 마음에 작은 상처가 남거나, 관계가 더 불편해진 경험. 누구나 한 번쯤 있을 겁니다. 그런데 '쿨하다'라는 말은 원래 인간관계의 미덕에서 시작된 게 아니라고 합니다.

'쿨'은 1990년대 마케팅 업계에서 만들어진 상업적 개

넘이라고 합니다. 당시 기업들은 "어떻게 해야 소비자에게 매력적으로 보일까?"를 연구했고, 기존 규범을 깨거나 남들과 다르게 보이는 행동을 '쿨하다'라고 정의했습니다. 이후 광고와 대중문화를 통해 이미지가 확산하면서, 사람들은 어느 순간 자연스럽게 '쿨하게 행동하는 것 자체'가 매력이라고 생각하게 된 겁니다.

일상생활에서 개인이 쿨하다는 것은 받아들일 수 있지만, 이런 '쿨'을 조직내 관계에서까지 과연 적용해도 될까 싶어요. 도대체 쿨하다는 건 누가 결정하는 걸까요? 갈등 상황에서 무조건 참거나, 아무렇지 않은 척 웃어넘기는 것이 아름다운 태도인 것처럼 포장되니 관계 속에 작은 균열이 쌓입니다.
내가 선택한 쿨이라면 넘어갈 수 있지만, 강요된 쿨이라면 넘어가기 힘들죠. 성별에 따른 일할 기회의 차별이나 외모에 대한 무례함 등을 문제 삼지 않으면 나의 일과 에너지를 조금씩 갉아 먹힐 수 있어요. 겉으로는 아무렇지 않아 보이지만, 속에서는 스트레스와 피로감이 쌓입니다. 무작정 참는 것도, 쿨해 보이려고 하는 것도 능사가 아니고 우리가 지켜야 할 예의나 매너를 기준으로 선을 긋고 지켜야 합니다. 서로 말이죠.

'선을 긋는다'라고 하면 차갑거나 공격적으로 느껴질 수 있습니다. 하지만 여기서 말하는 '선 긋기'는 상대를 무안하게 만들기 위한 장치가 아니라, 관계를 유지하고 나를 지키는 매너와 부드러운 말입니다. 특히 타인을 혐오하거나 차별하는 말, 누군가를 배제하거나 왕따시키는 행동에는 반드시 "그건 안 돼요"라고 말할 줄 알아야 합니다. 개인의 생각을 강조하는 것이 아니라 서로를 존중하고 권리를 지키는 것이기 때문입니다.

가끔 회사에서 서로 형님 또는 언니라 부르는 관계였는데 상대가 지나친 요구를 하거나 뜬금없이 이직해서 실망했다는 고민을 듣곤 합니다. "나에게 어떻게 이럴 수 있죠?", "제가 얼마나 잘했는데 이렇게 실망을 주나 싶어요"라는 말 속에는 상대에게 신뢰를 주고 기대했던 마음이 담겨 있죠. 하지만 관계를 관리하고 나를 지키는 건 경계 없는 친밀함이 아니고 적당한 거리두기입니다. 지구와 태양이 오랫동안 태양계를 유지하는 것은 정해진 궤도에 따라 일정한 거리를 지키기 때문입니다. 그렇다면 우리는 어떻게 적정한 선을 그을 수 있을까요?

내가 무엇을 중요하게 여기는지를 명확히 나타내는 선 그리기에는 2가지 방법이 있어요. 하나는 **남들 눈에 보이도록** 신호를 보내는 것입니다. 엔비디아 CEO 젠슨 황은 공식 발표나 인터뷰마다 늘 같은 가죽 재킷을 입습니다. 단순한 패션 취향이 아닙니다. '나는 이 업계에서 거칠고 도전하는 사람'이라는 메시지를 반복적으로 보내는 신호입니다.

스티브 잡스의 검은색 터틀넥과 청바지도 마찬가지입니다. 시간과 에너지를 절약하고 단순함을 추구한다는 메시지를 담은 상징이죠. 물론 우리 같은 직장인이 글로벌 리더처럼 큰 무대를 가지는 건 아닙니다만 신호의 원리는 똑같이 적용됩니다.

예를 들어 내가 편한 옷만 입고 출근한다면 어떤 신호일까요? 자신의 편함을 중요하게 생각한다는 신호죠. 어떤 신호를 보낼지 스스로 선택합니다.

선 그리기 두 번째 방법은 **눈에 보이지 않지만, 행동으로** 말보다 더 명확한 신호를 보내는 것입니다. '저는 성실합니다'라는 말보다 회의 5분 전에 도착하는 행동을 보인다면 자신의 선이 명확합니다.

다른 예를 들어 상사나 동료에게 요청받은 일을 하루 안에 회신하거나 의견을 제시하는 행동, 회의를 마치고 나서 자신이 이해한 내용을 3줄로 요약해서 상사나 상대에게 확인하는 소통 등은 자신이 어떤 식으로 일하고 어떤 가치를 중요하게 여기는지를 보이는 신호입니다.

이런 작은 신호들을 반복하면, 동료들은 당신을 '예측 가능한 사람'이라고 느끼게 되고 당신의

선을 알게 되어 함께 일할 때 환영받게 됩니다. 자신의
선을 긋는다는 것은 평소에 어떤 신호를 꾸준히 보내느
냐입니다.

••• 조용히 꾸준하게 신호를 보내세요

말로 제안과 대안의 신호를 보내는 방법
도 있습니다. 가령 회의에서 새로운 아이디어를 제안했
는데 선배가 단호하게 "그거 해봤자 시간 낭비야. 그냥
내가 말한 대로 해"라며 잘라 말할 때가 있습니다. 그
럴 때 보통은 갈등을 피하려고 "네…" 하고 조용히 물
러납니다. 하지만 이렇게 대응하면 내 생각은 묻히고,
나에 대한 인상도 흐려집니다.

조금만 다르게 접근해 보세요. "선배님 방식도 좋은데
요, 이번 건은 일정이 짧아서 제가 말씀드린 방법으로
해보면 어떨까 싶습니다. 혹시 시뮬레이션만이라도 해
볼 수 있을까요?" 이렇게 말하면 반박이 아니라 제안으
로 들립니다. 즉, 상대를 부정하는 게 아니라, 효율성을
높이고 싶다는 의지를 전달하게 되는 거죠.

다른 사례도 볼까요? 프로젝트 막바지에 동료가 "오늘 퇴근 시간 전까지 초안 좀 완성해 줄 수 있어?"라고 부탁할 때 보통은 거절하기가 미안해서 "네, 알겠어요"라고 답하거나, 반대로 "저도 선약 있어서 어려운데요"라며 단호히 선을 긋습니다. 둘 다 관계에 미묘한 피로를 남깁니다. 이럴 땐 이렇게 말할 수 있습니다. "오늘은 조금 어렵습니다. 대신 내일 오전 10시까지 드리면 어떨까요?" 대안을 제시하는 방식입니다.

협업에서 중요한 것은 바로 **예측 가능성**입니다. 예측 가능한 동료는 어떤 방식으로 언제까지 일할지 신뢰할 수 있는 사람입니다. 반대로 무조건 다 맞춰주면 당장은 좋아 보일 수 있습니다. 하지만 자신을 소진하고, 결국 약속을 지키지 못해 신뢰를 잃을 수도 있습니다. 내가 할 수 있는 범위를 명확히 말하고, 동시에 상대의 필요를 고려하는 것이 협업에서 선을 긋는 방식입니다.

관계에 관한 책도 많고, 이론도 풍부하지만 우리는 여전히 관계 문제로 고민합니다. 이유는 단순합니다. 관계는 실전에서만 배울 수 있기 때문이죠. 영화 〈그린 북〉을 떠올려봅시다. 천재 피아니스트 돈 셜리와 운전기사 토니 발레롱가는 처음엔 가치관과 생활 방식, 성격 등 모든 것이 너무 달라 갈등이 잦았습니다. 하지만 둘은 서로를 바꾸려 들지 않았습니다. 대신 '조용히, 꾸준히' 노력했습니다. 돈 셜리는 토니에게 존중을, 토니는 돈 셜리에게 온기를 보여줬습니다. 그렇게 시간이 흐르면서 두 사람은 조금씩 이해의 폭을 넓혔습니다.

회사도 다르지 않습니다. 처음엔 가치관과 습관이 다르니 당연히 부딪힐 수밖에 없습니다. 하지만 상대를 바꾸려 하기보다 내가 지키고 싶은 기준을 분명히 하고, 작은 신호를 일관성 있게 반복해 보여주면 관계는 나아집니다. 관계는 갈등이 없는 상태가 아니라, 충돌을 다루는 방식에 달려 있습니다.

쿨한 척 감추는 것이 아니라, 명확한 신호와 가치 기반의 선을 보여주는 것이 진짜 성숙한 협업입니다. 오늘부터 아주 작은 것 하나만 시도해도 좋습니다.

관계에서 중요한 건 **완벽하게 맞추는 게 아니라, 내가 누구인지 보여주면서 함께할 수 있는 선을 긋는 것입니**다. 쿨하지 않아도 괜찮습니다. 오히려 쿨한 척을 내려놓을 때, 관계는 편안해지고 오래갑니다.

"저라면 이렇게 해 보겠어요"

- 내가 반드시 지켜야 하는 가치를 한 문장으로 정리해 보세요.

- 나를 표현할 작은 신호 하나를 정해 활용해 보세요. 예를 들어 저는 작은 묵주를 팔찌로 활용합니다. 회의나 면담할 때 팔찌를 돌려요. 듣고 있다는 신호죠.

- 나를 당황하게 했던 동료의 부탁이나 선배의 피드백을 떠올리고 비슷한 상황에 닥치면 어떻게 대답하는 것이 좋을지 미리 적어보세요.

05
술에
밥 말아 먹지 맙시다

　　　　건강은 누구나 늘 관심이죠. 어느 부부가 남편의 건강을 주제로 대화했습니다. 대화는 주기적으로 운동해야 한다고 강조하다가 아내가 남편의 술자리를 줄여야 한다고 잔소리를 작렬하는 것으로 이어졌습니다. 아내는 술자리를 자주 가질 거면 빈속에 술 마시지 말고, 꼭 밥을 챙겨 먹으라고 말했고, 남편은 술 먹을 때 탄수화물을 먹으면 뱃살로 바로 이어진다고 푸념합니다.

아내가 아무리 그래도 밥을 먹지 않고 술을 먹는 건 위험하다고 강조하자, 남편은 잠시 멈칫하더니 다음처럼 말했습니다.

"그럼, 술에 밥을 말아 먹을게!"

어떠세요? 저는 재미있었습니다. 그런데 술에 밥을 말아 먹는 것 같은 일들이 직장에선 종종 일어나곤 합니다. "서비스 품질은 올리고 비용은 내리자", "직원 자율은 보장하되 통제도 강화하자", "발표 자료는 전문성과 쉬운 설명을 반반 섞자"

뭐 글로 보면 그럴듯하죠. 두 의견이 부딪치면 양쪽을 조금씩 섞어서 중간을 잡으면 될 것 같은데, 실제 결과는 어정쩡하게 됩니다. 서비스는 애매하고 비용은 불필요하게 많이 들고, 자율과 통제는 서로 발이 걸려 넘어지고, 전문성과 쉬운 설명을 반반 섞는 순간 문장은 엉성해지며 아무도 정확히 이해하지 못합니다.

모두를 조금씩 만족시키겠다는 마음으로 시작했지만, 아무도 뚜렷하게 만족하지 못하고 끝나는 경우가 많습니다.

물론 어떤 일이든 어느 한쪽이 아니라 양쪽의 장점을 합치고 싶죠. 일에 관한 결과를 만들 때 양과 질, 속도와 안전, 자유와 책임, 단기와 장기, 창의성과 규율을 동시에 반영하고 싶죠. 이런 경우 상황과 문제 등을 골고루 살펴 우선순위를 고려하고 비중은 시간의 차이를 두어 실행해야 합니다.

문제는 아무 때나 중간을 꺼내는 태도입니다. 중간은 지혜처럼 보이지만, 종종 성과를 미루는 회피일 뿐입니다. 저는 그래서 이런 태도를 '술에 밥 말아 먹는 소리'라고 해요. 여러분도 직장 생활을 하다 보면 이런 술에 밥 말아 버리는 결정할 수 있는데 이런 걸 피하는 방법을 말씀드릴게요.

▌기계적 합치기 대신 선택의 기준을 명확히 세워야 해요. 그리고 서로의 관점이나 의견을 섞어야 하는 사항이라면 무엇을

포기할지, 무엇을 포기하지 못할지에 대한 자기 생각을 분명히 밝혀야 합니다.

▌생각은 합치는 것이 아니라 섞어야 해요. 커피 원액은 에스프레소이고 물은 물이죠. 에스프레소에 물을 섞으면 '아메리카노'라고 하지 '물 에스프레소'라고 하지 않잖아요. 회사에서 상사와 소통하는 법은 생각과 생각을 섞어 블렌딩하는 것이에요.

••• 생각과 생각을 블렌딩하세요

사람들은 왜 그렇게 중간을 사랑할까요. 그 첫 번째 이유는 책임을 피하기가 쉽기 때문입니다. 어느 한쪽을 선택하면 틀릴 위험이 생기지만, 중간을 택하면 그때 모두가 '합의했잖아'라고 말하기 좋은 핑계가 생깁니다.

두 번째는 갈등이 불편합니다. 논쟁의 열기를 견디기보다 반반으로 타협해 급한 불을 끄고 싶습니다. 시간도 아까워 보입니다. 기준을 세우고 시나리오를 검토하는 과정이 귀찮으니까, 빨리 합의한 듯 보이는 회색 결론이 달콤하게 보입니다. 그런데 뒤에 두 배의 시간이 듭니다.

마지막은 공정성의 착시입니다. 숫자를 반으로 나누면 공정해 보이지만, 목적 없이 섞는 반반은 오히려 괴상한 결과만 낳을 뿐이에요. 요컨대, 이는 생각의 비용은 아끼지만, 실패의 리스크는 관리하지 않는 것이에요. 세상에 가장 큰 리스크는 리스크를 관리하지 않는 것입니다.

반반의 소통은 말버릇에서 시작합니다. 적당히, 알아서, 가능하면, 일단 섞어 보자, 대충 중간쯤, 양쪽 다 중요하니까 반반. 이런 단어들은 책임과 기준을 공중에 띄웁니다.

듣는 사람은 '내가 지금 뭘 해야 하지?'라는 질문을 속으로 삼키게 됩니다. 상사와 소통해야 할 때는 **말은 짧게, 기준은 또렷하게** 바꾸어야 합니다. 말할 때 일의 목적, 문제, 상황, 효과 등을 깔면 됩니다.

▌ 왜 하는지 한 줄

▌ 무엇을 문제라고 여기는지 한 줄

▌ 일의 이해관계자는 어떤 의견을 예상하는지 한 줄

▌ 이거 해서 어디에다 쓸지 한 줄

이 네 줄만 있으면 반반의 소통은 행동으로 이어집니다. 즉 술에 밥 마는 것이 아니라 밥 먹으면서 술을 마시는 반주가 될지, 밥은 빼고 안주와 술로 이루어지는 술상이 될지 명확해지죠.

현장에서 유용한 판단의 팁을 소개합니다. 상사에게 업무 지시를 받으면 우선순위가 명확한 이슈인지, 서로 조화가 필요한 이슈인지, 불확실성이 높은 이슈인지를 큰 덩어리로 가볍게 분류해 봅니다. 예를 들어 봅시다.

우선순위가 명확한 이슈는 결론이 낫습니다. 생명과 안전, 준법과 윤리, 브랜드 핵심, 명확한 재무 리스크 같은 것들이 여기에 해당합니다. 보안과 편의의 중간은 나쁜 선택입니다. 보안을 우선으로 결정하고 불편함은 그 울타리 안에서 개선하면 됩니다. 이때는 잃을 것이 무엇인지 또렷이 말하는 게 중요합니다. "속도는 일부 포기하는 대신 보안을 얻습니다"라고 말하면 잡음이 줄어듭니다.

서로 의존성이 큰 이슈는 조화가 좋습니다. 마케팅과 제품, 운영과 고객지원처럼 투입 대비 상호 효과가 큰 주제는 섞기보다 설계가 답입니다. 초보자와 전문가를 동시에 만족시키려고 아이콘과 문장을 반반 섞는 대신, 첫 화면은 초보자 최적화, 세부 화면은 전문가 확장처럼 화면과 시간을 분리하는 식입니다. 한 그릇에 모든 맛을 욱여넣지 말고, 그릇을 나눠 담으면 됩니다. 조화란 곧 협업 설계입니다. 각자의 최적을 따로 보장하고, 흐름과 타이밍으로 맞물리게 하는 일입니다.

불확실성이 높은 이슈는 실험이 가장 현명합니다. 근거가 부족하고 의견이 팽팽할 때, 회의장에서 감정의 온도를 올릴수록 합의는 멀어집니다. 작게 시험하고 빨리 배우는 방식이 훨씬 빠릅니다. 재택과 출근 비율 같은 논쟁을 일괄 규칙으로 통일하기보다, 두 팀을 다른 조건으로 운영해 6주 뒤 성과와 만족도, 협업 지표로 결론을 내리는 겁니다. 데이터 온도가 올라가면 감정의 온도는 내려갑니다. 논쟁은 줄고 협업은 쉬워집니다.

사례는 금방 떠오릅니다. 제품 기능 회의에서 초보자와 전문가 모두를 위해 버튼은 많지도 적지도 않게, 아이콘은 유머러스하면서도 포멀하게 등과 같은 주문이 나오면 결과는 대체로 어수선합니다.
반면 전환율이 목적이라고 분명히 말하고, 첫 15초는 세 번 클릭 안에 완료하도록 설계해 선택을 최소화하고, 고급 기능은 전환 뒤에만 노출하는 것으로 합의하면 화면은 단정해지고 일관성이 생깁니다.
평가 시즌의 메시지도 마찬가지입니다. 성과도 과정도 협업도 중요하다는 말로는 무엇이 더 중요한지 모릅니다. 이번 분기는 고객 지표가 최우선이고, 고객 반응이 일정 수준을 넘으면 상향 조정한다는 기준을 한 줄로 박아 두면 팀의 해석 낭비가 줄어듭니다.

일정 협의에서도 '서로 바쁘니 중간쯤으로 잡자'라는 말은 가장 많은 사람이 참석하기 어려운 시간대를 골라내는 기술이 되기 쉬워요. 필수 참석자의 공통 가능 시간대를 우선하고, 24시간 이내에 그 시간대를 못 찾으면 비동기로 전환하며, 결정 사항은 12시간 이내 코멘트가 없으면 확정한다고 미리 정해 두면 움직임이 간결해집니다.

양가적인 태도는 문제가 아닙니다. 현실의 자연스러운 상태입니다. 다만 그 상태를 어떻게 다룰지가 중요합니다. 한 축이 다른 축을 압도하는 문제는 결단이 필요합니다. 원칙의 선을 긋지 않고서는 균형도 없습니다.

반대로 서로 다른 가치를 한 그릇에 담아야 맛이 좋아지는 주제에서는 조화가 정답입니다. 채용 브랜딩에서 개성과 일관성을 동시에 잡아야 하거나, 고객 응대에서 속도와 친절을 함께 놓치지 말아야 할 때가 그렇습니다. 이럴 때 조화란 섞음이 아니라 설계입니다. 대상과 시간과 공간을 나누고, 각자의 최적을 제자리에 두는 작업입니다.

협업의 본질도 같은 지점에 있습니다. 성공적인 협업은 반반 섞어서 나오지 않습니다. 역할이 정확히 다르고, 서로가 서로를 살려주는 맞물림에서 탄생하죠. 팝 음악을 떠올려 보세요. 좋은 곡은 보컬이 반쯤 작곡가가 되고, 작곡가도 반쯤 보컬을 흉내 내서는 완성되지 않습니다. 보컬은 자기 음색을 끝까지 밀어 올리고, 프로듀서는 구조와 질감을 설계하며, 작사가는 정서적 후크를 박습니다. 각자가 자기 몫을 100% 수행할 때, 서로의 빈틈을 정확히 메우는 지점에서 곡이 살아납니다. 무대 위에서 코러스를 깔아 주고 브리지를 넘겨주고 훅을 받쳐 주는 호흡은 섞기가 아니라 맞물림입니다. 그래야 관객이 감동합니다.

스포츠도 마찬가지입니다. 패스를 설계하는 선수와 마무리하는 선수가 서로를 반쯤 흉내 내면 팀은 힘을 잃습니다. 볼을 운반하는 선수와 스크린을 세우는 선수가 제 역할을 정확히 수행하고, 수비 리더가 백라인을 조율하며, 트랜지션에서 스프린트가 타이밍을 맞추는 순간, 팀은 강해집니다. 서로의 차이가 뚜렷하고, 그 차이들이 정확히 맞물릴수록 경기력은 올라갑니다. 팀플레이의 아름다움은 반반 타협이 아니라 역할의 선명함에서 나옵니다.

결국 회의실에서 우리가 해야 할 일은 단순합니다. 역할을 섞지 말고 맞물리게 하자. 그리고 그 맞물림을 가능하게 하는 것은 **기준이 있는 말하기**입니다. 문서 맨 앞에 목적과 최우선 기준, 문제를 한 줄씩 쓰는 습관, 결과와 과정을 대표하는 지표를 한 개씩 고르는 습관, 결정할 때 무엇을 잃기로 했는지 한 줄로 적는 습관, 정해진 시간에 재평가하고 수정하는 일정을 달력에 박제하는 습관. 이 작은 습관들이 회색 언어를 밀어내고 현실적인 소통을 가능하게 합니다. 좀 어렵죠? 이런 판단의 기준과 상황을 설명하는 이유는 우리가 일하면서 이와 같은 결정들을 자주 마주하기 때문입니다. 그냥 좋은 게 좋은 거라 생각 마세요. 다른 사람의 판단을 따라갔다가 내가 책임을 지는 경우를 저는 종종 봤습니다. 어렵고 복잡할 수 있지만, 잘 따져보고 판단하라는 뜻으로 설명드렸습니다.

●●● 기준과 유연함을 동시에

처음 사연으로 돌아가 봅시다. 아내의 말은 사랑에서 시작했습니다. 밥을 꼬박꼬박 챙기자는 기준은 건강이라는 목적에서 나왔습니다. 남편의 요구는 맛있는 것도 먹고 싶고 한 잔의 여유였습니다. 이 둘은 반반 합쳐서 해결할 문제가 아닙니다. 반주를 할지, 안주상을 차릴지 아니면 밥을 먼저 제대로 먹고 자기 전에 와인 한두 잔으로 제한하는 조화로운 설계를 하든지 그것도 아니면 한 달에 두 번은 술, 주중은 무알코올처럼 기간을 정해 작은 실험을 해 보든지 간에 중요한 건 밥은 밥이고 술은 술입니다. 질서를 세우면 마음도 덜 상하고 관계도 단단해집니다.

　　　　회사에서도 같은 법칙이 통합니다. 밥은 우리가 반드시 지켜야 할 기준이고, 술은 우리가 누리고 싶은 자유와 유연함입니다. 둘을 하나의 그릇에 비벼 넣는 순간, 맛은 사라지고 목적도 흐려집니다. 반반 타협으로 모든 것을 살릴 수 있다는 착각을 내려놓고, 목적을 한 줄로 말하고, 그 목적을 위해 무엇을 포기할지 솔직히 적고, 결단과 조화와 실험 중 어느 틀로 접근할지 먼저 정합시다.

회의 초반에 그 한 줄을 박아두면 중반의 표류가 줄고, 끝의 합의는 현실이 됩니다. **말은 짧고 정확하게, 그러나 사람의 온기를 잃지 않게.** 상대의 가치를 인정하고 우리의 기준을 분명히 하고, 잃을 것을 함께 호명하고 협력의 손을 내미는 방식으로.

06
상사도
상사의 상사가 있어요

회사의 책임과 권한 그리고 의무를 설명하는 짧은 이야기를 해 볼게요. 회사에서 어떤 직원이 볼펜이 필요합니다. 그래서 총무팀에 가서 "볼펜 하나 사도 될까요?"라고 묻자, "팀장님 결재 받아 오세요"라는 대답을 들었어요. 그래서 팀장을 찾아갔습니다. 그랬더니 팀장은 "이건 임원의 결재가 있어야 해"라고 대답하죠. 그래서 임원에게 갔더니 "이건 본부장님께 보고해야지"라고 합니다. 그리고 다시 본부장님의 결재를 받아야 하죠. 볼펜 하나 사는 데 팀장, 임원, 본부장의 결재를 받느라 한 달이 걸렸습니다.

　다른 사례를 말해 볼까요? 입사한 지 한 달 된 사원이 곰곰이 생각해 보니 집에서 일하는 게 이동시간도 줄이고 일에 집중할 수 있어서 재택근무를 결정했습니다. 출퇴근만 왕복 3시간이 걸리고, 회사에선 일에 집중할 만하면 이런저런 회의에 참석하라는 안내 때문에 도저히 해야 할 일을 다 할 수 없다고 판단했기 때문입니다. 그래서 사원 셀프 재택근무를 시작했죠. 그러자 오전에 팀장에게 "왜 출근 안 해? 무슨 일이 있는 건가?"라며 연락이 왔고, 사원은 당당하게 대답했습니다. "집이 더 집중 잘돼요. 집에서 열심히 일하겠습니다" 물론 이해를 구하려고 상황을 지나치게 단순하게 설명했습니다만 첫 번째 사례는 '책임지기 싫어서 미루는 상황'이고, 두 번째 사례는 '권리와 의무를 착각해 혼자 결정한 상황'입니다.

　회사에서 책임과 권한 그리고 의무를 제

대로 이해하지 못하면 업무는 꼬이고, 회사 생활은 곤란해집니다. 이럴 때를 대비해 회사 생활에서 반드시 알아 두어야 하는 것이 위임전결 규정입니다.

••• 위임전결은 의사결정의 룰 북^{rule book}

위임전결은 말 그대로 '위임'과 '전결'이 합쳐진 말입니다. 위임은 책임 있는 일을 누군가에게 맡기는 것이고, 전결은 위에서 맡긴 일을 내가 책임지고 결정하는 겁니다. 위임전결은 대표이사 →본부장 →부서장 →사원의 순으로 이렇게 흘러갑니다. 일의 신속한 처리를 위해 위에서 아래로 권한을 나눠주고, 대신에 그 일에 대한 책임을 정해서 살펴보는 체계를 정리한 것이죠. 좀 더 쉽게 설명해 볼게요. 어렵지만 꼭 필요하니까 알고 있어야 합니다.

회사의 최종 책임자는 당연히 CEO입니다. 그런데 CEO가 직원 식당 반찬이나 복사기 토너 색깔까지 모두 결정하면 어떻게 될까요? 하루 종일 사소한 일만 처리하다 새로운 사업의 진출 여부나 고객사와의 회의 등 다른 일들이 우선순위에서 밀릴 수 있습니다. 그래서 일의 경중에 따라 권한을 적절히 위임하고, 결재 단계를 줄여 업무 속도를 높이는 장치가 바로 위임전결 규정이죠.

정리하면 "누가, 어떤 일을, 어떤 단계까지 결정할지"를 정리한 일종의 룰 북입니다. 이게 없으면 누구나 사장처럼 행동하고 사원처럼 책임지지 않을 수 있어요. 그리고 이게 너무 촘촘하면 어떤 일을 할 때마다 묻고 답하는 시간이 오래 걸립니다. 적정한 속도와 안정적인 책임 등을 정리한 내용이라고 이해하면 됩니다. 이런 위임전결이 나의 일에 어떻게 적용되는지를 잘 챙겨두는 것이 중요합니다. 제가 정리해 드릴 팁은 세 가지입니다.

▌인트라넷을 먼저 검색하라

대부분 회사에는 '위임전결 규정'이나 '업무 전결 기준표'가 있습니다. 모르면 검색부터 하세요. 내가 맡은 일이 누구 결재를 받아야 하는지, 어디까지 내가 결정할 수 있는지가 보입니다.

▌애매하면 묻는 게 답이다

"이건 누구까지 결재받아야 하나요?"라는 질문 하나가 나중에 큰 사고를 막습니다. 묻는 건 무능한 게 아니라 책임감을 보여주는 행위입니다.

▌보고는 안전띠이다

맡아놓고 보고하지 않으면 '오만', 맡아놓고 관심을 안 두면 '무책임'이 됩니다. 우리가 운전할 때 혹시 모르는 사고에 대비하고, 안전을 확보하기 위해 안전띠를 매죠. 회사에서 보고가 안전띠에요. 제가 장담하는데 보고를 싫어하는 상사나 선배는 없습니다. 물론 어떻게 할지 대안이 있는 보고여야 합니다. '이렇게 했어, 저렇게 했어'라는 통보는 싫어합니다. 통보 말고 대안을 보고하세요. 지금 당장 볼지 안 볼지 모르지만, 상사나 선배에게 문자나 이메일로 남겨 놓으면 됩니다.

••• 안다고 혼자 말고 모른다면 물으세요

가끔은 이렇게 말하는 분도 계세요. "사장님이나 저나 똑같은 사람인데, 왜 저만 결재받아야 합니까?" 맞습니다. 사람은 누구나 평등해요. 하지만 회사에서 책임은 다릅니다.

사장은 수십억 계약의 무게를 짊어지고, 사원은 자기 자리의 일만 책임집니다. 이 차이는 인품의 서열이 아니라 역할의 크기에서 나옵니다. 그래서 중요한 건 혼자 판단하지 않는 겁니다. 맡았다고 해서 무조건 내가 다 해내야 한다는 건 위험합니다. 대신 세 가지를 꼭 확인하세요.

· 내가 어디까지 결정할 수 있는가?
· 언제쯤 중간보고를 해야 하는가?
· 이 일은 언제까지 마무리하면 되는가?

이걸 스스로 묻고 확인하는 사원이 결국 '일머리 있는 사람'으로 인정받습니다. 회사는 말로도 움직이지만, '결재'라는 절차로 굴러갑니다. 결재 라인은 곧 책임의 흐름을 보여주는 지도가 됩니다. 위임은 책임을 나누는 작업이고, 전결은 권한을 명확히 하는 장치입니다. 그러니 위임전결 규정은 회사의 숨은 지도입니다.

지도 없이 걷는 길은 모험일 수 있습니다. 하지만 지도 없이 일하는 모습은 모험이 아니라 방황에 불과합니다. 혼자 일하지 마세요. 확인하고, 공유하고, 중간에 묻는 습관을 들이세요.

상대를 존중하면서도
내 생각이나 입장을 지켰던
순간을 적어보세요.

쟈기 효능감

자기 효능감은 일이 힘들고 마음이 흔들릴 때 그래도 다시 해볼 수 있다는 태도입니다. 이번에는 '노력하면 이뤄진다'는 개념적인 긍정이 아닌, 나의 자율성과 유능감을 키우는 구체적 방법을 설명할게요.

자기 효능감이 커지면 위기에서도 멘털이 쉽게 부서지지 않고, 현장에서 나를 버티게 하는 실전 대처력이 생기며 회사가 내 인생을 옭아매는 장소가 아닌 내 실력을 키우는 훈련장이 됩니다.

#플러스알파의 보상 #나만의 키워드 만들기 #15분 컷 9개 질문 #거지 구간 #실전 경험 맵핑 #시간은 내 편 #P-P-F 패턴 #21일 카드

07

일한 만큼 받아야 할까요,
받은 만큼 일해야 할까요?

요즘은 이직이 흔하죠. 20~40대 근로자를 대상으로 한 조사 결과에 따르면 응답자의 약 70%가 실제로 이직을 고려 중이라고 답했고, 나이가 낮을수록 이직 의지가 강하다고 합니다. 대부분이 더 나은 보상과 일하는 방식을 찾아 움직인다고 볼 수 있습니다. 물론 임금·안정성·일의 내용 등 조금씩 나아지고 있지만, 이전 직장보다 좀 더 견딜 만한 정도겠죠.

이직해서 일에 만족하면 "어떻게 해야 오래 다닐까?" 또는 "어떻게 더 잘할까?"로, 누군가는 만족이 떨어지면 '받은 만큼만 하자'로 마음이 기울어지겠죠. 이런 상황 속에 다음 같은 질문이 고개를 듭니다. 일한 만큼 받아야 하는가, 받은 만큼 일해야 하는가.

••• 1인분과 플러스알파

제 생각에 보상은 '합의한 1인분은 정확히 받고 전략적으로 더 일해서 +α(플러스알파)를 챙기자'입니다. 그리고 이런 금전적 보상을 넘어 '평판과 소속감 같은 심리적 보상도 함께 챙기자'입니다.

월급은 내가 일한 것에 대한 보상이며 기준은 1인분을 정확히 했는가입니다. 내 1인분이 정확히 무엇인지 서로 근로계약서나 목표 설정서 같은 문서로 챙겨야 합니다. 직무나 목표, 범위가 분명하면 '받기로 한 만큼'을 두고 생기는 오해가 줄어듭니다. 그리고 1인분을 흔들림 없이 해내면 두 가지가 따라옵니다.

성과급은 +α에서 비롯됩니다. +α는 시간의 양이 아니라 성과의 질입니다. 오래 앉아 일했다고 해서 일을 잘한다고 판단하지 않습니다. 팀의 핵심 성과나 회사 모두에게 효과를 미치는 일을 할 때 +α 성과라고 여깁니다.

플러스알파 성과에는 한 번 해두면 모두가 편해지는 표준화와 자동화, 사고를 예방하는 방법, 남들이 꺼리는 과제를 수행한 결과 등이 있어요. 그러니까 +α 성과는 '더 많이' 일한 양이 아니라 '목적에 더 적합하게' 일한 결과죠. 내가 팀원으로서 일하면서 팀의 어려움을 덜어내고 성과를 이뤘다면 플러스알파의 성과가 커집니다.

이런 +α 성과는 더 많은 금전적 보상을 부르고 동시에 개인적 만족감과 일에 대한 애정 같은 심리 보상을 키웁니다.

예를 들어 보겠습니다. 무역상사에서 근무하는 어느 팀원이 신규 지역을 맡습니다. 처음부터 품목이 많이 들어가면 재고와 판촉비 부담이 크기 때문에 베스트셀러 두 품목만 들여가고, 목표 고객과 가격대를 좁게 잡아 시작합니다. 현지 고객사에서 한동안 요청했던 두 품목만으로 거래를 개선하고 현지 고객사의 요청에 적극적으로 대응하여 매출, 반품률, 고객 반응을 주차 별로 확인하고 늘렸습니다. 그렇게 여러 시도를 통해서 점차 거래량을 늘리고 금액을 키웠습니다.

반응이 있는 품목은 고정하고 효과가 없는 시도는 미련 없이 접습니다. 수요가 보이면 품목을 하나씩 늘리며, 물류 묶음 단위를 조정해 운송비를 낮춥니다. 아울러 협력사 직원 의견을 반영해 다른 품목으로 확대하고 고객사 임원들을 국내 설비로 초청하고 안정적인 거래 관계 형성을 통해 단가를 올립니다.

반년이 넘자 재고 회전 일을 기준으로 리오더 규칙을 손봐 과잉 재고를 막습니다. 이런 과정을 통해 회의에는 "저 지역은 저 친구면 된다"라는 말이 자연스럽게 나옵니다. 이 한 문장이 평판입니다. '우리가 함께 성과를 만들었다'는 감각이 커집니다. 이게 소속감입니다. 결국 이 팀원은 '작게 시작해 증거를 만들고, 고객의 반응에 맞추어 물량을 늘린다'라는 간단한 원칙으로 금전과 심리 보상을 동시에 챙깁니다.

이쯤에서 평판이 왜 보상인지 분명히 짚어 두겠습니다. 회사는 개인이 마음대로 바꾸기 어려운 것이 많습니다. 시장 상황, 예산, 경영진의 판단 같은 것들이죠. 반면 개인이 손에 쥐고 있는 것이 평판입니다. 평판은 길게 설명되지 않습니다. 한 줄로 요약됩니다.

"그 사람에게 맡기면 결과가 나온다"

이 한 줄이 강해질수록 역할은 넓어지고 권한이 붙습니다. 넓어진 역할과 권한은 다음 기회와 금전 보상으로 이어지죠. 그래서 '받기로 한 만큼 받고, +α를 더해, 더 받자'는 **"나의 평판을 적금처럼 관리하자"**로 바꿀 수 있습니다.

평판은 게시판 칭찬 글이 아니라 함께 일하는 직장 내외 사람들의 반응입니다. 이름과 함께 떠오르는 인상이죠. "약속을 지킨다", "일을 단순하게 만든다", "팀을 가볍게 한다" 등 이런 문장이 쌓이면 급여 인상 협상에서 길게 설명하지 않아도 자신의 가치를 합의할 수 있죠. 이미 모두가 알고 있기 때문입니다.

소속감도 동료들과 문제를 함께 해결할 때 쌓입니다. 회사 벽면에 붙여 놓는 포스터 속에 좋은 구호로 생기지 않습니다. 머리를 맞대어 토의하고 회의실에서 더 좋은 안을 만들기 위해 근거를 제시할 때 만들어지죠. 또 내가 만든 체크리스트로 동료의 일이 쉬워지고, 내가 만든 메뉴얼로 신입이 빠르게 적응하고, 내가 찾아낸 리스크 요인 덕분에 팀이 덜 흔들릴 때, 사람들은 '우리는 같은 팀에 있다'라고 느낍니다.
이런 소속감은 우리 팀이 힘든 시간과 환경을 겪을 때 큰 역할을 합니다. 서로 탓하는 시간이 줄고, 해결에 쓰는 시간이 늘어납니다. 결과적으로 성과가 나올 확률이 높아지고, 성과가 커지면 금전 보상도 커집니다. 돈과 마음이 서로를 밀어 올리는 구조가 만들어집니다.

여기서 주의 사항을 하나만 이야기하자면, 동료들과 가족처럼 지내세요. 그러나 동료들이 가족은 아닙니다. 그렇다고 차갑게 남처럼 지내자는 뜻도 아닙니다. **정서는 따뜻하게, 역할은 전략대로, 각자의 일은 프로답게 일하자**는 겁니다. 추가 요청이 들어오면 먼저 범위를 확인하고 원래 합의된 목록 안인지 밖인지, 밖이라면 무엇을 뺄지, 일정을 어떻게 조정할지, 어떤 지원이 필요한지를 차분히 말합니다.

"이번 신규 지역 확장은 기존 범위 밖입니다. 이번 분기에는 파일럿으로 두 품목만 진행하겠습니다. 대신 기존 캠페인은 다음 분기로 미뤘으면 해요. 파일럿이 확인되면 예산과 권한을 포함해 확대안을 올리겠습니다"

이런 문장들은 정중하지만 분명합니다. 이 톤 앤 매너가 자신의 평판을 만듭니다. 의심은 나를 보호하지만, 신뢰는 우리 모두를 살립니다. 물론 상대가 선을 넘을 때는 단호하게 이야기해야죠.

모호하지 않게 선을 긋는 사람, 약속을 지키는 사람, 팀을 가볍게 하는 사람. 사람들은 이런 동료를 다시 찾습니다. 다시 찾아주는 일은 보상과 기회의 전조입니다. 동료는 예스맨은 만만하게 보고 까칠한 사람은 일하기 싫어합니다.

●●● 돈도 평판도 보상이에요

"그럼 '일한 만큼 받아야 한다'와 '받은 만큼만 하겠다' 중 무엇이 맞나요?"라는 질문으로 돌아가 보면, 이제 답이 보입니다.

둘 중 하나를 고집하면 늘 막힙니다. 답은 순서입니다. **받기로 한 만큼은 정확히 받고, 그 위에 +α를 얹고, 그 과정에서 평판과 소속감을 꾸준히 모아 갑니다.** 이 흐름이 몸에 붙으면 금전 보상은 예측이 가능해지고, 심리 보상은 견고해집니다.

직장에서의 보상은 숫자로 끝나지 않습니다. 월급과 성과급 같은 금전 보상은 생활을 지탱합니다. 평판과 소속감, 일의 의미 같은 심리 보상은 일을 지속하게 합니다. 한쪽을 올리면 다른 쪽은 금세 흔들립니다. 그래서 길은 단순합니다. 합의는 지키되 문서로 정한 1인분을 흔들림 없이 수행해 바닥에 단단히 깔고, +α는 전략으로 더합니다. 팀의 지표를 직접 움직이는 변화, 모두가 가벼워지는 구조를 만들며 상단을 엽니다. 평판과 소속감은 꾸준히 모읍니다. 사람들의 머릿속에 "그 사람에게 맡기면 결과가 나온다"는 한 줄을 심고, 함께 문제를 풀어 온 성과는 늘려 갑니다.

마지막으로 아주 짧게 정리하겠습니다. '받기로 한 만큼은 정확히 받고, 전략적으로 +α를 만들어 더 받되, 그 위에 평판과 소속감을 꾸준히 쌓는다' 돈은 생활을, 평판과 소속감은 지속을 책임집니다. 두 가지가 함께 자랄 때 우리는 덜 지치고 더 오래 갑니다. 이게 "일한 만큼 받아야 할까요? 받은 만큼 일해야 할까요?"에 대한 저의 답이에요. 참고하시길 바랍니다.

08

역할이 작은 거지,
당신이 하찮은 게 아닙니다

"작은 배역은 있어도 작은 배우는 없다"

이 말은 러시아 배우이자 연출가가 한 말이에요. 모 기업에서 사원들에게 해주고 싶은 조직행동에 대한 글을 요청받자마자 이 말이 가장 먼저 떠올랐습니다. 보통 신입사원이나 경력직 입사 초기 상담에서 가장 많이 털어놓는 고민이 "내가 이 회사에서 어떤 역할을 할 수 있을까요?", "왜 나를 뽑았는지 모르겠어요"와 같은 이야기였거든요. 그럴 때마다 제가 가장 먼저 해줬던 말이 바로 이 문장이었습니다. 당신의 자리가 작아 보여도, 당신 자체는 결코 작은 존재가 아니라고요. 이번 글은 그 이야기를 조금 더 해 보려 합니다.

회사는 하나의 무대입니다. 누군가는 중심에서 주연의 역할을 맡고, 또 다른 누군가는 이야기를 살리는 조연 역할을 합니다. 하지만 어떤 연극도 조연 없이 주연만으로는 감동을 만들기 어렵죠. 관객이 눈물을 흘리는 순간은 때로 대사 한 줄 없는 엑스트라의 표정에서 비롯되기도 하니까요. 회사도 똑같습니다. 매출을 끌어오는 사람이 있으면, 그 매출을 발생하게 만든 영업자가 있고, 고객과 신뢰를 쌓은 운영자도 있고, 그 뒤에서 시스템을 돌리는 사람도 있어요. 모두가 있어야 성과가 완성됩니다.

회사의 업무는 대부분 팀 단위로 돌아갑니다. 팀은 목표 달성을 위한 최소 조직이고, 보통 3~4개의 역할로 나뉘죠. 인사팀만 해도 인사 기획, 인사 운영, 교육 담당 등으로 나뉘고, 영업팀은 국내 영업, 해외 영업, 영업 지원 등으로 세분화됩니다. 여기서 중요한 개념이 바로 '관리의 범위^{Span of Control}'예요. 한 팀장이 제대로 관리할 수 있는 팀원은 5~7명 정도라고 해요. 그래서 아마존은 회의 참여 인원을 '피자 두 판을 나눠 먹을 수 있는 인원으로 제한한다'는 일화도 있어요. 그만큼, 한 팀이 유기적으로 움직이기 위해서는 역할이 분명해야 하고, 자신이 맡은 역할을 정확히 이해해야 해요. 그래야 책임도 뚜렷해지고, 협업도 잘 되거든요. 그렇다면 내 역할을 어디서 어떻게 찾을 수 있을까요?

●●● 내 포지션은 내가 차지해야 해요

첫 번째 방법은 '직무기술서'입니다. 회사마다 다르지만, 보통의 조직에는 '직무기술서'라는 문서가 있습니다. 여기에는 해당 직무의 목적, 주요 업무, 필요 역량, 책임과 권한 등이 정리돼 있죠.
예를 들어 고객서비스 담당자는 고객의 불만을 빠르게 공감하며 처리하고, 내부 부서와 협업해서 해결 방안을 만들고, 고객의 목소리를 분석해서 전사에 개선 포인트로 공유하는 등의 역할을 맡아요. 만약 회사에 이런 문서가 없거나 미미하다면, 국가직무능력표준[NCS]이나 워크넷, 또는 미국의 ONET 같은 사이트를 참고해도 좋습니다. 완전히 내 업무에 맞진 않겠지만, 어떤 흐름으로 역할과 책임을 정의하는지 감을 잡을 수 있어요.

두 번째 방법은 관계 속에서 나의 역할을 찾을 수 있어요. 어쩌면 이게 더 현실적인 방법일지도 몰라요. 팀장이나 동료가 나에게 자주 맡기는 일, 나를 부를 때 쓰는 호칭, 회의에서 나를 찾는 상황들. 이런 걸 보면 관계 속에서 나에게 기대하는 역할이 뭔지 감이 옵니다.

이를테면 팀장이 "이 일은 너 아니면 안 돼"라고 말한다면, 그건 직무기술서에 적히지 않은 믿음이 역할로 형성된 거예요.

누군가는 분위기 메이커 역할을, 누군가는 디테일 정리 전문가 역할을 맡고 있을 수도 있어요.

이런 건 다 사람들 사이에서 만들어지는 실질적인 역할이에요. 해크먼과 올드햄 같은 조직행동 학자들도 "내가 하는 일에 의미를 느낄수록 더 깊이 몰입하게 된다"라고 말했어요. 역할을 문서로만 이해하지 말고, 관계 속에서 발견하고 체화해야 한다는 뜻이죠.

프랑스 화가 '조르주 쇠라^{Georges Seurat}'의 그림 〈그랑드자트 섬의 일요일 오후〉를 아시나요?
멀리서 보면 평화로운 인상주의 그림인데, 가까이서 보면 수천 개의 점으로 구성된 점묘화예요. 점 하나하나가 정확한 자리에 있어야 그림 전체가 완성되죠.
회사도 똑같습니다. 도어맨이 웃으며 인사하지 않으면, 호텔 로비의 화려함은 반감되고요, 정수기 물을 제때 갈아주는 직원이 없으면 사무실의 위생은 무너지고요, 보고서에 오탈자 하나 없게 점검해 주는 동료가 없다면 아무리 멋진 전략도 허술해 보일 수 있어요. 이처럼 보이지 않는 역할까지 충실히 해내는 사람이 있을 때, 우리는 동료와 고객에게 신뢰를 얻게 됩니다.

••• 역할이 작은 것이지, 당신이 작은 건 아니에요

심리학에 '몰입'이라는 것이 있어요. 이 몰입은 내가 맡은 일과 내 능력이 잘 맞을 때, 그리고 내 역할이 명확할 때 일어나고 더 높아진다고 해요. 그러니까 내가 무슨 역할인지를 알고 일이 할만할 때 집중하게 된다는 것이죠. 겉돌기보다 뭔가 함께 해내고 있다고 느끼면 더 즐겁고 열심히 일하게 되는 상태가 되는 거죠.

우리가 자기 역할을 명확히 알면 내가 하고 싶은 일만 찾지 않고 팀에서 필요한 일도 해낼 때 성과와 보람이 일어납니다. 어느 날 "내가 이 회사에 있어서 참 다행이다"라는 생각이 드는 순간도 이때 찾아옵니다.

앞서 했던 말을 다시 드립니다. 당신이 지금 맡은 역할이 작아 보일 수 있어요. 눈에 잘 띄지 않을 수도 있죠. 하지만 그 자리를 책임감 있게 지키는 당신이 있기에, 회사라는 무대는 제대로 굴러갑니다. 내가 내 일에서 의미나 가치를 찾지 못하면 남도 절대 내 일을 소중히 대하지 않는다는 걸 잊지 말아 주세요.

작가의 친절한 잔소리 ▶ "저라면 이렇게 해 보겠어요"

- 모르면 주저하지 말고 언제든지 선배와 자주 대화하며 내 역할의 범위를 명확히 파악하세요.

- 팀장님이나 동료들이 나에게 자주 맡기는 일, 나를 부르는 호칭, 나를 찾는 순간에 당신만의 고유한 역할이 숨어있답니다.

- 회사에서 자신만의 키워드를 정해 보세요. 어느 팀원은 일을 받으면 스스로 하루 안에 회신하는 이미지를 만들기 위해 #원데이로 정한 사례도 있어요.

- 지금 당장 맡은 업무가 아주 작거나 반복적일지라도, 그 안에서 의미를 찾아보세요. 예를 들어 자료 정리를 할 때도 '어떻게 하면 더 효율적이고 깔끔하게 정리할 수 있을까?'를 고민하고 시도하는 거죠.

09
기록이 동기를
케어합니다

아침에 마음이 뒤숭숭할 때가 있습니다. 머리는 가속 페달을 밟는 것 같은데 가슴은 브레이크를 밟는 느낌입니다. 그럴수록 '멘털부터 관리하자'라고 마음먹지만, 막상 무엇을 어떻게 관리해야 할지에서 막히곤 합니다. 이 글은 그 막힘을 풀어보자는 가이드라인입니다. 어려운 도구 대신 펜 한 자루와 짧은 질문 아홉 개면 충분합니다. 결론부터 말하면, 멘털은 기록 같은 일상 도구로 충분히 관리할 수 있습니다.

기록은 동기의 세 가지 기둥인 자율성, 유능감, 관계성을 눈에 보이게 하고 조율하게 해주는 가장 실용적인 장치입니다. 세 축을 매일 기록으로 아주 조금씩 자각하고 조정하면, 마음이 흔들려도 쉽게 무너지지 않습니다.

동기는 타고나는 것이 아니라 설계될 수 있는 것이라고 해요. 우리는 종종 국가대표나 탑 퍼포머를 보고 "멘털이 다르다"고 말합니다. 그러나 그들의 멘털은 선천적 갑옷이라기보다, 매일 훈련장에서 입는 운동복에 가깝습니다. 긴장에 압도된 날도 있고 불안이 앞서는 순간도 있지만, 그들을 받쳐주는 것은 늘 같은 루틴, 곧 스스로를 파악하고 조정하는 일상적 습관입니다. 그 습관의 뼈대가 '자기 결정성 이론'입니다.

사람은 자신의 선택과 성장, 연결을 체감할 때 더 단단해지고 오래 갑니다. 여기서 중요한 것은 **머리로 아는 것에서 멈추지 않고 몸으로 실행하는 것입**니다. 방법은 단순합니다. 질문과 기록입니다. 오늘의 감정과 행동을 짧게 적고, 그 안에서 내 선택(자율성), 개선(유능감), 연결(관계성)을 확인하는 것입니다. 머릿속 막연한 생각 대신 종이에 남긴 구체적인 기록이 내일의 에너지가 됩니다.

••• 15분 컷, 질문 9개로 케어합시다

질문은 자율성, 유능감, 관계성 순서로 매일 씁니다. 규칙은 간단합니다. 아침에는 5분 정도로 점수를 적습니다. 정밀한 근거까지는 필요하지 않습니다. 오늘의 감으로 0점에서 10점 사이에서 점수를 매기면 됩니다. 핵심은 일관성입니다. 이어서 더 5분만 들여 각 축에서 오늘 할 것 한 가지와 하지 않을 것 한 가지를 골라 적습니다. 저녁에는 5분 정도로 실행 결과 한 줄을 적고 끝냅니다. 명사와 동사 위주로 5분 안에 짧고 간단하게 남기는 것이 중요합니다. 아침 10분, 저녁 5분으로 하루 15분이면 됩니다.

자신이 개발자라면 자신을 케어하고 자기 동기를 만드는 질문의 사례를 다음과 같이 정리할 수 있습니다.

· 오늘의 자율성을 진단합니다.

오늘 '일의 방법과 순서'를 내가 정하고 있다고 느끼는 정도는
10점 만점에 [6]점이다

10점에 가까워지려면

오늘 [오전 10 ~ 12시 코드 리뷰만 처리]를 시도하거나

오늘 [중간에 갑작스런 요청으로 코딩 전환]을 하지 않는다

실행 결과: 코드 모듈 생성, 업무 집중 시간 120분 성공

· 오늘의 유능감을 진단합니다.

오늘 나는 '어제보다 나아지고 있다'고 느끼는 정도는 10점
만점에 [7]점이다

10점에 가까워지려면

오늘 [프로젝트를 쟁점-규칙-대안-결론 형식으로 설명]하
거나

오늘 [코드 리뷰 미팅을 생략]하지 않는다

실행 결과: 리뷰어 요청 수정 3회에서 1회로 감소, 코드 리뷰
1회만에 완료

· 오늘의 관계성을 진단합니다.

오늘 나는 '도움을 주고받는 연결감'을 느끼는 정도는 10점 만점에 [5]점이다

10점에 가까워지려면

오늘 [그룹장과 미팅에서 DB 처리 방법에 대한 가이드를 요청] 하거나

오늘 [리뷰 요청만 던지고 맥락 설명을 미제공]하지 않는다

실행 결과: DB 처리 이슈 해결 완료. 모듈 이슈 복잡도 5에서 1로 감소

처음부터 심각하게 시작할 필요는 없습니다. 가볍게, 대신 꾸준하게 적는 것이 오래 갑니다. 첫 사흘은 점수만 적고, 각 축에서 할 것 하나와 하지 않을 것 하나씩만 고릅니다. 이어지는 나흘은 방해 요인 하나를 골라 차단 실험을 합니다. 알림을 한꺼번에 묶어 확인하거나 불필요한 회의를 문서로 전환하거나, 메일 확인 시간을 정해두면 충분합니다. 여덟째 날에는

기록 한 페이지를 한 사람과 공유하고 10분 대화를 나눕니다.

요청이든 제안이든 감사든, 교환이 한 번 일어나는 것으로 충분합니다. 그 이후에는 지난주와 비교해 숫자 하나만 추적합니다. 몰입 사이클 횟수든 취소한 회의 수든 피드백 반영 건수든 무엇이든 좋습니다. 중요한 것은 **지표를 늘리는 일이 아니라, 실제로 굴러가는 변화의 감각을 잃지 않는 것**입니다. 이 계획의 목적은 완벽한 멘털이 아니라, 오래 유지 가능한 습관입니다. 바꿀 것은 한 가지씩만 선택하고, 나머지는 지키며 가는 편이 더 멀리 갑니다.

예쁘게 쓰려다 멈추는 경우가 많습니다. 그럴 때는 규칙을 더 단순하게 줄이세요. 점수 한 줄, 행동 한 줄, 실행 결과 한 줄이면 충분합니다. 더 기록하려는 욕심이 올라올 때도 있습니다. 하루 15분을 넘기지 않는 것이 안전합니다. 에너지, 몰입 횟수, '안 할 것' 준수, 공유와 요청 수, 배움 세 줄 정도면 현장을 움직이기에 충분합니다. 공유가 평가처럼 느껴질 때는 형식을 고정하세요. 칭찬 하나, 수정 하나, 다음 액션 하나. 이렇게 세 문장만 지켜도 오해가 크게 줄고 대화의 질이 안정됩니다. 또 초반의 스퍼트는 대개 2주를 넘기기 어렵습니다. 개선 항목을 두세 개씩 늘리지 말고, 2주마다 한 가지씩 바꾸는 편이 훨씬 오래 갑니다. 속도를 조금 낮추면 지속은 크게 높아집니다.

••• 오늘의 스토리가 인생의 히스토리가 됩니다

마음을 지키는 일은 거창한 치료가 아니라 미세한 조정의 축적입니다. 자율성과 유능감, 관계성을 매일 잠깐 점검하고, 오늘 시도할 것 하나와 하지 않을 것 하나를 고르고, 실행 증거 한 줄로 하루를 닫는 이 단순함이 마음을 버티게 합니다.

우리가 다 아는 이순신 장군은 전쟁 중에도 일기를 썼죠. 뭐 대단한 것을 쓴 것이 아니라 소박한 내용이 대부분이었다고 합니다. 날씨, 병사들의 훈련, 배의 정비, 남은 화약과 식량, 그날의 마음가짐까지. 그리고 가장 많이 등장하는 단어가 '**비록** 전력이 기울어도', '**아직** 남은 가능성이 있으므로', '**오히려** 이런 기회로' 등이라고 합니다. 조각조각 메모 속에도 자신의 의지와 생각을 담은 것이죠. 이 조각 같은 기록이 자신만의 이야기를 만들어 히스토리가 된거죠.

그래서 오늘의 기록은 남을 설득하려는 보고서가 아니라, 나를 돌보는 사용 설명서여야 합니다. 비록 어렵더라도, 아직 남아 있는 가능성을 확인하고, 기본으로 돌아가서 한 줄을 남겨 보시기 바랍니다. 날씨 한 줄, 마음 한 줄, 준비 한 줄. 작은 조각이 모이면 '왜 버텨야 하고, 어떻게 이길 것인지'에 대한 당신만의 스토리가 됩니다. 그리고 한 가지 더 기억해야 합니다. **누가 뭐라 해도 내가 나를 먼저 아껴야 남도 나를 아껴줍니다.** 오늘 단 한 줄이면 충분합니다. 내일이 그만큼 덜 버거워지고, 모레는 조금 더 수월해질 것입니다.

▶ 오늘 나의 자율성

- 오늘 '일의 방법과 순서'를 내가 정하고 있다고 느끼는 정도는 10점 만점에 [   ]점이다.
- 10점에 가까워지려면 나는 오늘 [   ]을(를) 시도하거나 [   ]을(를) 하지 않는다.
→ 실행 결과(퇴근 후 한 줄):

▶ 오늘 나의 유능감

- 오늘 나는 '어제보다 나아지고 있다'고 느끼는 정도는 10점 만점에 [   ]점이다.
- 10점에 가까워지려면 나는 오늘 [   ]을(를) 시도하거나 [   ]을(를) 하지 않는다.
→ 실행 결과(퇴근 후 한 줄):

▶ 오늘 나의 관계성

- 오늘 나는 '도움을 주고받는 연결감'을 느끼는 정도는 10점 만점에 [   ]점이다.
- 10점에 가까워지려면 나는 오늘 [   ]을(를) 시도하거나 [   ]을(를) 하지 않는다.
→ 실행 결과(퇴근 후 한 줄):

10
누구나
거지 구간을 겪어요

회사 생활을 하다 보면 두 가지 유형을 만날 수 있습니다. 하나는 '이 치열한 경쟁에서 어떻게든 벗어나고 싶다'이고, 다른 하나는 '무조건 경쟁에서 이겨야 한다'는 마음으로 일하는 유형입니다. 둘 다 각자의 선택이니 존중받아야 하지만, 우리의 직장 생활은 '지금 이 순간을 어떻게 대하느냐'보다 '오랜 시간을 어떻게 관리하느냐'가 더 중요한 것 같습니다.

당장의 일이나 다른 사람을 이긴다고 승리가 기록되는 것도 아니고 마찬가지로 경쟁을 피해 도망쳤다고 해서 행복이 보장되는 것도 아니죠. 우리가 '진짜 성장했다'라고 느끼는 순간은 남보다 빠른 승진이나 시험 성적이 아닙니다.

'미래 시간 조망Future Time Perspective'이라는 것이 있어요, 지금 당장만 보는 게 아니라 좀 더 긴 시간을 앞서 내다본다는 것이죠. 지금 당장 먹고 싶은 음식이 있지만, 몇 달 뒤 옷을 멋지게 입을 것을 생각하며 다이어트하는 것, 미래에 안정적 직장 생활을 기대하며 지금의 공부에 매진하는 것 등이 미래 시간 조망에 해당해요.

나의 경력을 관리하고 개발하려면 나의 미래로 먼저 점프해서 미래의 모습을 그려보는 것이 중요합니다. 미래의 모습에 맞춰 나의 과거와 현재를 해석하고 앞으로 어떻게 나의 시간을 투자할지를 결정하는 것이죠.

제 얘기를 사례로 들어 볼게요. 지금은 강사이자 작가이지만, 예전에는 직장인이었습니다. 직장 생활을 하던 중 임원들이 일요일에도 나와 중요한 보고를 위해 보고서를 쓰고 연습하는 모습을 보게 되었습니다. '임원이 되기도 힘들지만, 임원이 되어도 저 모습이 내 미래일 수 있겠구나'하는 생각이 들었습니다. 그러면서 10년, 20년 후의 나의 모습을 상상했어요. 그러다가 현장에서 나처럼 이직한 사람들에게 도움을 주는 업무관리 전문가가 되고 싶다는 생각에 앞으로의 시간을 어떻게 투자할지를 결정했죠.

미래 시간 조망 능력은 마치 타임머신 같아요. 미래의 자기 모습을 보고 앞으로 어떻게 살아야 할지를 깨닫게 되는 것이죠.

이렇게 경력은 결국 자신이 겪은 경험을 어떻게 해석하고 체계화하느냐에 달려 있다고 생각해요. 그러니까 자신이 직접 고민하고 현장에서의 경험이 쌓일 때 경력이 되고 그게 실력이 되는 것 같습니다. 경험이 경력으로, 경력이 실력으로 변하도록 체계적으로 관리하고 경로를 탐색하는 활동이 경력개발입니다. 경력개발에 반드시 거쳐야 하는 기간이 있습니다. 바로 거지 구간입니다. 머리를 기르다 보면 중간에 정돈되지 않고 지저분해 보이는 시기가 있듯, 일을 배우고 경험을 쌓는 과정에서도 애매하고 보잘것없어 보이는 시간이 찾아옵니다. 이 시기를 지나야만 비로소 나만의 스타일이 잡힙니다. 이번에는 거지 구간을 통과하며 나만의 경력을 개발하는 방법, 그리고 경험을 체계화하는 실전 경험 맵핑에 관해 이야기해 보려 합니다.

••• 경험이 체계적으로 쌓여야 경력이에요

자격증, 학위, 성적. 물론 중요합니다. 이런 것들이 문을 열어주고, 기회를 제공하기도 합니다. 그러나 그것만으로는 현장의 변수를 이길 수 없어요. 고객이 갑자기 화를 내거나, 데이터가 사라지거나, 일정이 하루아침에 당겨지는 상황은 교과서에 나오지 않습니다. 그때 우리를 지켜주는 건 자격증이 아니라 실전 경험에서 나오는 대처력입니다.

실패를 겪어본 사람은 문제를 보는 눈과 자신감이 다릅니다. 문제를 해석하고 대처하는 능력 그리고 자신감이 자기 실력이죠. 하지만 이런 경험을 쌓다가도 에너지가 떨어지고 정신적으로 압박을 받는 경력개발의 거지 구간이 찾아옵니다.

누구나 직장 생활을 시작하면 입사의 기쁨도 있고, 월급을 받으며 경제적 여유도 생깁니다. 물론 월급이 나의 통장을 스쳐 가지만 직장 생활로 숨통이 트이기도 합니다. 하지만 일하다 보면 작은 실수 때문에 쥐구멍에 숨고 싶을 때도, 감당하기 힘든 일로 지쳐서 포기하고 싶을 때도 찾아옵니다. 바로 경력 개발의 거지 구간입니다. 이때 중요한 건 이 구간을 지나야 나만의 스타일이 완성된다는 겁니다. 마치 구두를 새로 사서 길들이는 과정과 같은 것이죠. 아무리 잘 맞춰서 신발을 사도 뒤꿈치가 까지고, 엄지발가락이 아픈 시간을 지나야 나에게 딱 맞는 구두가 됩니다. 머리를 기를 때 더벅머리의 시기가 있고, 구두를 길들이는 시간이 있듯이 경력개발에도 업무를 길들이며 나에게 맞추는 경력의 거지 구간 시간이 있죠.

정말 거지 같은 구간이지만 의외의 선물도 있습니다. 가장 먼저 내 강점을 알게 된다는 거예요. 처음엔 무조건 다 해보면서 허둥대지만, 그 안에서 자연스럽게 내가 잘하는 걸 발견하게 됩니다.

제가 아는 어느 컨설턴트는 보고서를 쓰는 게 너무 힘들어서 늘 기피했는데, 이상하게 회의 때 아이디어를 던지면 프로젝트 매니저가 관심 있게 귀를 기울이더래요. 그래서 기획 아이디어를 정리하는 일을 조금씩 맡으면서 '아, 나는 글로 정리하는 것보다 말로 설득하는 데 강점이 있구나'를 깨닫게 됐다고 해요. 이런 식으로 시도하다 보면 의외의 강점이 드러납니다. 포기하면 실패로 끝나지만, 버티고 지나면 경험으로 남습니다.

또 하나의 선물은 나만의 개성도 생깁니다. 시행착오를 겪는 과정에서 남들과 다른 접근법이 만들어지는 거예요. 어떤 사람은 실수로 엑셀 수식을 잘못 넣었다가 우연히 더 효율적인 계산 방식을 찾기도 하고, 어떤 사람은 자료조사 과정에서 남들이 잘 안 보는 해외 사례를 참고해 새로운 시각을 보여주기도 합니다. 이런 경험들이 쌓이면 단순히 주어진 일을 처리하는 데서 그치지 않고, '저 사람은 접근 방식이 남다르다'라는 평가를 듣게 됩니다.

마지막으로 압박감과 부담감에서 스스로 견디고 묵묵히 책임지는 나만의 내공이 생깁니다. 처음에는 작은 실수에도 멘털이 크게 흔들리지만, 여러 번 부딪히고 나면 비슷한 상황이 와도 눈썹 하나 까딱 안 할만큼 강해지죠. 예전에 어느 책임자가 프레젠테이션 도중 자료 화면이 꺼지는 사고가 있었어요. 처음 당했을 때는 당황해서 버벅거리다 겨우 마무리했죠. 그런데 몇 년 뒤 또 비슷한 상황이 벌어졌을 때는 준비해 둔 종이 자료로 자연스럽게 이어가면서 오히려 청중에게 "역시 경험이 다르다"라는 칭찬을 들었습니다.

이렇게 실패와 성공이 반복되면서 쌓인 노하우가 결국 나만의 강한 멘털을 만듭니다. 거지 구간은 힘든 시기지만, 결국 그 과정을 지나면서 강점이 보이고, 개성이 자리 잡고, 내공이 쌓입니다. 그래서 포기하지 않고 버티는 시간이 결국 나를 전문가로 만드는 시간인 거죠. 그렇다면 단순히 경험하는 것에서 그치지 않고, 경력으로 어떻게 발전시킬 수 있을까요?

여기서 중요한 방법이 실전 경험 맵핑입니다. 실전 경험 맵핑은 내가 어떤 경험을 했는지, 그 경험에서 무엇을 배웠는지, 그것이 나의 강점과 어떻게 연결되는지를 사건 →배운 점 →강점화의 흐름으로 정리하는 방법입니다.

사례를 들어볼게요. 첫 프로젝트를 맡은 한 직원은 방향을 잡지 못해 오랫동안 헤맸습니다. 하지만 자료를 모으고 선배에게 질문하는 과정을 거치며 문제를 쪼개고 접근하는 방법을 배울 수 있었죠. 그 경험 덕분에 이후 낯선 과제가 주어져도 어디서부터 나눠 생각하고 어떤 질문을 던져야 할지 스스로 터득하게 되었습니다. 또 다른 사례도 있습니다. 이 직원은 열심히 발표를 준비했지만, 청중 앞에서 긴장해 제대로 말하지 못했던 경험이 있었죠. 그러나 두세 번의 시행착오를 거치면서 발표 흐름을 단순화하고, 키워드 중심으로 말할 때 청중 반응이 훨씬 좋아진다는 사실을 깨달았습니다. 그 경험이 쌓여 지금은 복잡한 자료도 핵심만 뽑아 간결하게 전달하는 능력이 그의 강점으로 자리 잡았습니다.

이처럼 경험은 사건 자체에서 끝나는 것이 아니라, 배우고 정리하는 과정을 통해 나만의 강점으로 이어질 수 있습니다. 강점은 남과의 비교가 아닌 어제의 나와 비교해서 찾아야 합니다. 경험을 기록하고 구조화하면, 시간이 지날수록 나만의 경력 지도가 만들어지고, 그 지도는 내가 어떤 과정을 거쳐 성장했는지를 증명하는 살아 있는 이력서가 됩니다.

경력개발은 경쟁에서 이기거나 도망쳐서 완성되지 않습니다. 경력은 겪은 경험을 바탕으로 자신만의 체계를 세우는 과정입니다. 그리고 그 과정에는 반드시 거지 구간이 있습니다. 애매하고 보잘것없어 보이는 그 시간을 지나야만 자신의 강점과 개성을 알게 되고, 실전을 통한 경력개발이 가능합니다.

●●● 직장 생활은 마라톤이에요

마라톤에서도 러너들이 "아, 이제 진짜 힘들다" 하는 구간이 있는데, 보통 32~37km라고 합니다. 이 구간에 들어가면 체력은 바닥을 보이고, 다리 근육엔 미세 손상이 쌓여 통증이 올라오고, 머릿속엔 "끝까지 갈 수 있을까?" 하는 의심이 고개를 든다고 해요. 이걸 '벽 현상the wall, Hit the wall'이라고 한다는군요. 이런 벽의 현상에 다다르면 자신이 갖고 있는 에너지원은 빠르게 소진되어 운동 효율이 떨어지고, 더 많은 산소가 필요하면서 호흡이 가빠져 몸이 버거워진다고 합니다. 마라톤 선수들은 벽의 현상에 빠지면 페이스가 확 무너지거나 멘털도 흔들리기 쉽다고 합니다.

그럼, 마라토너들은 이 벽을 어떻게 상대하느냐? 경기 전에는 경기에 적합한 몸을 준비하고 경

기 중에는 계획대로 영양분을 섭취하고 결승전이 가까
워질수록 '저기까지만'이라고 마음을 단순하게 먹는다
고 합니다. 길게 설명하면 마라톤을 준비할 때부터 몸
을 오래 달리는 체질로 만들기 위해 같은 속도로도 몸
의 에너지를 아껴 쓰도록 한다는 겁니다. 아울러 레이
스 중에는 정해둔 간격에 맞춰 물과 에너지 젤을 먹어
서 페이스를 조절하고요, 달리면서 이제 한계라고 느낄
땐 "눈앞의 저 급수대까지만", "저 다리까지만" 등으로
당장의 목표에 집중한다고 합니다. 스포츠 중계에서 운
동선수들이 혼자 중얼거리는 모습을 볼 수 있잖아요.
"조금만 더", "집중하자", "어깨 내리자" 이런 단순한 중
얼거림이 사실은 자기 암시이고 잡념을 밀어내는 활동
이라고 합니다.

우리가 경력을 개발할 때도 벽에 부딪히
기 마련이죠. 지금 하는 일이 거지 같고 주변이 벽처럼
느껴져도 나를 무너뜨리는 장애물로 보지 말고 지금 페
이스와 나를 관리하라는 신호로 받아들여야 해요. 마

라토너처럼 경력 개발에 맞춰 자신의 몸과 생활을 만들고, 자신의 에너지를 아껴 써야 합니다. 아울러 스스로 정해둔 간격에 맞춰 물과 에너지를 보충하고 휴식과 학습을 해야 합니다.

끝으로 조급하게 여기지 마세요. 서둘러서 행동하기보다 다음 급수대까지만 생각하고, 천천히 집중해서 하나하나 해 나가면 됩니다. 거기까지 가면, 또 그다음 가면 됩니다. 경력개발의 결승선은 없습니다. 직장 생활은 자기 페이스로 꾸준히 하는 것입니다. 어떤 일이든지, 어디서든지, 누구와 함께하든지.

11

입사는 연애하듯, 퇴사는 결혼하듯

••• 길을 따라 걷지 말고, 걸으면 길이 생깁니다

저의 제 취업에 처음부터 대단한 계획이 있었던 것은 아닙니다. 처음엔 대학을 졸업하고 대학원에 갈 예정이었습니다. 그러다 보니 대학 마지막 학기 11월부터 대학원 입학이 시작되는 다음 해 3월 사이, 석 달 남짓한 공백이 생겼습니다. 그 시간을 빈칸으로 두고 싶지 않아서 잠깐이라도 일할 수 있는 곳을 찾아 문을 두드렸고, 운 좋게 첫 직장의 인턴으로 시작했습니다. 인턴 시절 가볍게 시작했던 교육과 인사에 대한 일이 지금은 저의 업인 글쓰기와 강의로 진화되었습니다. 처음엔 이력서 한 줄을 채우려던 시도였지만, 아침에 무엇부터 손댈지 정하는 패턴, 만나는 사람들의 일하는 모습을 관찰하고 기록하는 습관, 사람과 사람 사이, 일과 일 사이의 간격을 읽는 감각이 몸에 붙기 시작했습니다.

두 번째 직장으로서의 입사는 지인의 소개였습니다. 공채를 뚫었다는 자부심 대신 '나를 믿고 연결해 준 분의 체면을 지켜야 한다'라는 책임감이 들었습니다. 지인 소개의 다리를 건넌 뒤부터는 탓할 곳이 없습니다. 그 경험에서 이직이 의도이든 우연이든, 선택의 품질은 선택 후에 좌우된다는 것을 분명히 깨달았죠. 나의 선택을 옳게 만들면 경력이 되고 그렇지 못하면 에피소드로 남는다는 것을 말이죠.

세 번째 직장으로서의 입사는 마음이 앞섰습니다. 전문가가 되고 싶다는 욕망이 커지던 때라 큰 배의 선원이 되기보다 작은 배의 갑판장을 택했습니다. 대기업 인사팀 차장에서 작은 컨설팅 회사의 이사로 옮겨 집필을 배우고 강의도 시작했습니다. 물론 글의 초안은 헐거웠고, 강의 흐름은 덜컹거렸습니다. 그래도 그 헐거움과 덜컹거림 속에서 제 관점과 스타일이 만들어졌습니다. 준비된 길을 따르기보다 걸으면서 길을 만드는 법을 배웠습니다. 시간을 그저 흘려보내기보다 나를 위해 투자하는 자산으로 활용해야 한다는 것도 깨달았습니다. 그 자산을 키운 장치는 거창하거나 대단한 것이 아니었습니다. 매일의 체크리스트와 퇴근 후에 1~2줄의 일기 그리고 다음 날의 첫 행동을 정해 두는 간단한 다짐 같은 것들이었습니다.

3번의 입사에는 공통점이 있습니다. 먼저 보고, 작게 고치고, 짧게 기록하고, 몇 사람과 단단히 연결한다는 것이었습니다. 그리고 이런 패턴을 반복하면 직장 생활의 질이 올라간다는 것입니다. 취업 풍경에 이런 패턴을 대입해 보면 하나의 사실이 뚜렷해집니다. 요즘 취업은 준비 기간은 길고, 입사 후 회사에 머무는 시간은 짧다고 합니다. 한 조사에 따르면 첫 직장에 입사하고 준비하는 데 평균적으로 1년이 걸리고 어렵게 들어간 첫 직장에서 머무는 시간은 1년 반 정도라고 합니다. 오랜 준비와 짧은 체류. 이런 현상은 개인의 시간과 비용 그리고 마음을 어렵게 합니다. 그래서 저는 '입사는 연애처럼, 퇴사는 결혼처럼'을 제안합니다. 여기서 '연애처럼'이 대충의 뜻은 아닙니다. 들어가서 관찰하고, 작게 개선하고, 짧게 기록하고, 얇지만 단단한 연결을 만든다는 뜻입니다. '결혼처럼'은 회사를 그만둘 때 책임을 다해 다음 사람에게 이어 주는 태도입니다. 이런 균형이 나의 경력과 연결됩니다.

취업을 앞두고 우리는 정말 많이 알아봅니다. 채용 공고를 분석하고, 온라인 기업 리뷰 사이트에서 평판을 비교하고, 현직과 전직 동료들의 대화와 후기를 샅샅이 읽습니다. 정보가 많을수록 실수하지 않을 것 같지만, 막상 들어가면 생각보다 빨리 실망합니다. 이유는 간단해요. 정보가 정교해질수록 기대도 세밀해지고, 작은 어긋남도 크게 느껴집니다. 이때 "회사

선택을 잘못했습니다"라고 단정하기 전에 한 번 더 점
검해 보세요. '내 기대가 정확했는가? 이미 마음속에
정답을 정해 놓고 사실을 거기에 끼워 맞추지는 않았
는가?' 입사도 하기 전에 '이 직장 모습은 이럴 거야'라
고 상상했다면 그건 마치 내 결혼을 배우자와 직접 만
나보지 않고 소문과 평판에 의존해서 결정하는 것에
비유할 수 있습니다.

연애는 같이 시간을 보내고, 소소한 일을
해 보면서 서로의 생활을 알아갑니다. 취업도 비슷합니
다. 알고서 입사하는 것보다, 입사해서 알게 되는 것이
많습니다. 그래서 '연애하듯 입사한다'는 말은 "하나의
관문을 통과해 **직접 보고 겪으며 기대와 현실의 간격을
내가 조정하자**"로 이해해 주세요.
물론 기본 원칙은 분명합니다. 건강과 윤리를 해치는
조직, 불법이나 편법이 일상인 조직, 차별과 배제가 뚜
렷한 곳은 애초에 제외해야 합니다. 이런 원칙을 통과
한 선택지들 사이에서는 이상향 같은 직장을 찾는데 시

간을 다 쓰기보다 지금 입사한 직장에서 발을 디뎌 관찰하고, 작게 고치며, 정답을 만들어 가는 쪽이 훨씬 실속 있습니다. 그렇다면 어떻게 해야 할까요?

대부분 입사하면 적응하려고 노력하는데 입사 후 몇 주는 '적응'보다 '관찰'을 제안합니다. 종이와 화면 속에 있는 회사에 대한 정보는 지도일 뿐이고, 내가 일하는 팀의 현실은 눈 앞에 펼쳐진 현지 풍경입니다. 지도만으로는 여정을 꾸릴 수 없잖아요. 누가 언제 무엇을 결정하는지, 칭찬과 불만의 언어가 무엇인지, 회의 때 어느 순간에 표정이 달라지는지부터 봅니다. 관찰을 마치고 적응하고 싶다는 마음을 먹으면 작은 개선을 시도해 봅시다.

내가 하는 일의 오류를 체크하고, 응대 문구를 상황별로 정리하고, 데이터 용어를 같이 쓰는 용어로 맞춰 검색 시간을 줄이는 식입니다. 내 업무의 작은 시도가 동료들의 존중과 신뢰를 불러옵니다. 신뢰는 카드 마일리지 같아서 쌓을 때는 오래 걸리고 쓰는 건 한방에 없어져요. 신뢰가 쌓여야 내가 하고 싶은 일을 맡을 기회가 생깁니다. 여기에 '기록'을 보탭니다. 관찰과 개선을 짧게 남기면, 다음에도 같은 품질을 다시 만들 수 있습니다. '이 데이터는 매주 화요일에 갱신된다', '이 고객은 이런 표현을 싫어한다', '이 보고서는 본문의 내용을 비주얼화하는 게 관건이다'와 같은 내용을 문장으로 남기면 시행착오를 줄입니다.

••• 회사를 보고 입사하지만, 일은 동료와 합니다

관계는 넓고 얕게 펼치기보다, 얇고 단단한 연결 두세 개를 먼저 만드는 편이 좋습니다. 회사와 일하는 것 같지만, 실제로는 소수의 사람과 일합니다. 회사 이름을 보고 입사하지만, 옆의 동료들과 일하죠. 그래서 입사한 초기에는 그 소수와 서로의 언어를 맞추는 게 중요합니다. 그 연결이 내가 한 일을 조직의 말로 번역해 주고, 조직의 신호를 내가 이해하는 말로 되돌려 줍니다. 통로가 열리면 속도와 정확도가 달라집니다.

완벽한 정보로 실수 없는 입사를 꿈꾸면, 시작은 미뤄집니다. 우리가 쇼핑할 때 결정을 미루면 배송만 지연될 뿐이듯이 말입니다. 현실의 회사는 시행 착오가 있는 곳입니다. 그래서 즉시 반응하는 실행, 짧은 기록, 주고받는 연결이 필요합니다. 우연히 온 요구에 빠르게 답하고, 과정을 간단히 남기고, 덕분에 서로 돕는 관계를 만들면, 우연은 기회가 되고, 기회는 실력이 됩니다. '운이 좋아서'가 '습관이 좋아서'로 바뀌는 지점에서 나의 커리어가 묵직해집니다.

물론 빠른 퇴사가 항상 손해라는 뜻은 아닙니다. 위법, 차별, 건강을 해치는 환경에서는 빨리 나오는 게 이익입니다. 그런 경우를 제외하면, 입사 준비에 오랜 시간을 들이고 짧게 회사에 다니면 여러모로 불리합니다. '내가 사람들과 어울리기 힘든 스타일인가?' 하는 의구심도 생기고, 준비에 쓴 시간과 비용 회수도 어렵죠. 이 악순환은 애초 만들지 않는 것이 좋고요. 그러려면 입사는 연애처럼 가볍게 시작해서 차근차근 알아가는 것이 좋습니다.

연애하듯 가볍게 입사했다면 떠날 때는 진중하게 일을 이어 주는 사람으로 남아야 합니다. 인수인계 문서를 남기고, 고객과 데이터의 작은 비밀을 정리해 다음 사람이 편하게 출발하도록 돕습니다. 평판은 남들의 소문이 아니라 내가 남긴 기록과 관계의 흔적에서 만들어집니다. "이 관계는 여기까지지만, 서로의 시간이 헛되지 않았습니다"라는 작별은 나에 대한 평판과 소개로 이어져 다음 회사에서도 환영받습니다.

●●● 모두에게 좋은 회사보다 나에게 맞는 회사를 찾으세요

대부분은 좋은 회사나 좋은 일을 찾는 데 오랜 시간을 씁니다. 하지만 회사는 문서보다 복잡하고, 사람은 기대보다 다양합니다. 그래서 내 길을 찾는 데 힘을 다 쓰기보다, 내 길을 만들어 가는 편이 낫습니다. 입사는 연애처럼 만나며 알아가고, 퇴사는 결혼처럼 예의를 다해 마무리합니다. 이렇게 하면 예상과 달라도 우리는 버틸 수 있습니다.

　　　　3번의 입사와 1번의 창업 과정에서 배운 것은 일하며 익힌 리듬과 기록 습관 그리고 관점이 다음 문을 열게 해 주었다는 점입니다. 의도와 우연은 섞였지만, 공통점은 선택을 옳게 만들겠다는 마음 하나였습니다. 저는 '정답을 미리 찾아야 실패하지 않습니다'가 아니라, '실수해도 복구할 힘이 있다'를 믿습니다. 포기하지 않는다면 말이죠. 이런 믿음이 있을 때 남들이 정해준 답을 쫓지 않고 자기 답을 만들 수 있지 않을까요?

　　　　회사는 배움의 실험실이자 성과의 무대입니다. 어디에서 얼마나 빨리 달렸는지보다, 무엇을 배우고 무엇을 보여주었는지가 오래 남습니다. 오늘의 작은 스토리가 평생의 히스토리로 남습니다.

12

바닷물을 끓이려 하지 마세요

보통 회사에 입사하면 '잘하진 못해도 실수는 하지 말아야겠다'는 각오를 하죠. 좋은 말 같아요. 하지만, 이 말이 주는 무게는 꽤나 무겁습니다. 실수하면 안 된다는 압박감 때문에, 아예 새로운 시도 자체를 하지 않게 되거든요. 회사라는 곳은 늘 변화 속에 있고, 그 변화의 물결을 잘 타는 사람만 성장할 수 있어요. 처음부터 완벽한 답을 찾아내려는 사람은 한 발짝도 못 내딛어요. 컨설팅 업계에서 흔히 하는 말이 있습니다.

"바닷물을 끓이려 하지 마라"

완벽한 답을 찾으려고 모든 변수를 다 계산하다 보면, 결국 아무것도 시작하지 못한다는 뜻이에요. 처음부터 '완벽'을 목표로 하면 첫 보고서, 첫 기획서, 첫 회의 발언 하나하나가 다 버겁게 느껴집니다. 오히려 "조금 부족해도 괜찮아"라는 생각이 필요해요. 중요한 건 시도하는 거예요. 시도가 있어야 배움도 옵니다. 누구나 처음에는 실수합니다. 처음부터 완벽한 사람은 아무도 없어요. 완벽해지려고 하면 일이 늦어지고, 늦어지면 두려움은 더 커져요.

보고서 쓸 때 자료를 끝없이 모으고, 발표를 준비할 때 한 문장 한 문장을 다듬느라 시작도 못 해본 경험이 있나요? 그게 바로 바닷물을 끓이려는 시도예요. 완벽한 데이터, 완벽한 문장, 완벽한 전략은 존재하지 않아요. 대신 중요한 건 '적절한 타이밍에 맞춘 최선의 답'을 내는 거예요.

예를 들어 팀장이 "다음 주까지 3년 뒤 매출 목표를 정리해 달라"고 요청했다고 합시다. 이때 모든 변수와 시장 변화까지 계산하려고 하면, 목표를 세우기도 전에 마감일을 넘겨버립니다. 차라리 지금까지의 트렌드와 회사의 잠재력을 기준으로, 합리적인 추정치를 제시하는 편이 훨씬 낫죠. 그리고 이렇게 말하면 됩니다. "지금까지 확인한 자료를 기반으로 설정한 목표입니다" 스스로 한계를 인정하는 태도가 오히려 신뢰를 줍니다. 완벽을 추구하는 대신, 제때 필요한 결정을 내리는 힘을 키우는 게 중요해요.

••• 성과는 '언제'와 '왜'가 맞을 때 이뤄집니다

회사에서 배우는 건 책상에서 혼자 공부해서는 얻을 수 없어요. 보고서를 한 장 써보는 경험, 상사에게 피드백을 받는 과정, 회의에서 작은 의견을 내보는 순간들이 전부 배움이에요. 이를테면 첫 회의에서 팀장이 질문을 던졌을 때 머릿속으로 수십 가지 가능성을 계산하다가 아무 말도 못 한 상황이 있을 수 있어요. 그럴 땐 오히려 이렇게 말하는 게 낫습니다. "제가 지금까지 본 자료로는 이렇게 생각합니다" 혹은 "확실하진 않지만, 제 의견은 이렇습니다" 한번 해보면 그 다음부터는 훨씬 쉬워져요.

처음에는 작은 시도로 시작하세요. 회의에서 한 번 의견을 내는 것, 보고서를 새로운 접근으로써 보는 것, 데이터를 다른 시각에서 해석해 보는 것. 이런 작은 시도들이 쌓여서 결국 큰 변화를 만듭니다. 시도를 방해하는 가장 큰 감정은 두려움이에요. 실패할까 봐, 상사에게 혼날까 봐, 동료들 앞에서 무능해 보일까 봐. 하지만 두려움은 '없애야 하는 것'이 아니라 '다뤄야 하는 것'이에요. 두려움을 줄이는 가장 좋은 방법은, 완벽한 답을 찾으려는 집착을 내려놓는 거예요. 보고서를 내면서 이렇게 덧붙이면 됩니다.
"현재 데이터 기준으로 정리한 내용이라, 추후 상황이 바뀌면 다시 업데이트하겠습니다" 이 한 마디로 당신의 시도는 더 이상 위험하지 않아요. 타이밍과 목적, 이 두

가지만 기억하세요. 일은 '언제'와 '왜'가 맞아야 힘을 발휘해요. 짜장면이 맛있는 순간은 요리가 끝났을 때가 아니라, 시킨 사람이 가장 배고플 때잖아요. 필요한 순간에 적절한 답을 내는 게 가장 큰 힘이에요.

••• 완벽은 결과보다 과정에

역사를 돌아보면, 세상을 바꾼 사람들의 공통점은 단 하나였어요. '완벽을 기다리지 않았다'는 거예요. 남극 탐험가 '로알 아문센Roald Amundsen'은 당시 누구도 시도하지 않았던 남극점 도달에 성공했어요. 그는 모든 변수를 완벽히 예측할 수 없다는 걸 알았지만, 준비할 수 있는 최선을 다했고 결국 먼저 깃발을 꽂았습니다.

'라이트 형제Wright Brothers'는 사람은 날 수 없다는 상식을 깨고 최초로 비행기를 띄웠습니다. '스티브 잡스Steve Jobs'도 완벽한 제품을 기다리지 않고, 당시 없던 아이폰을 세상에 내놨어요. 이들의 공통점은 단순합니다. 모든 상황을 예측하려 하지 않았다는 것, 불완전한 답이라도 먼저 시도했다는 것, 그리고 실패를 배우는 과정으로 삼았다는 것.

　　　제가 드리고 싶은 말은 이거예요. **완벽한 답을 기다리다가 놓치는 기회보다, 부족해도 시도해 보는 한 걸음**이 더 중요하다는 겁니다. 시도는 실패를 데려올 수도 있지만, 실패를 경험하지 않으면 진짜 실력을 만들 수 없어요. 자신이 일하면서 완벽한 성과를 바라기 보다 완벽한 과정에 노력해 보세요. 완벽한 결과를 기대하지 말고, 다양하게 시도하세요. 그 시도가 언젠가 당신을 성장시키고, 직장에서 꼭 필요한 사람으로 만들어줄 겁니다.

13

아는데 못하면
모르는 거예요

　　　　회사에서 교육을 듣고, 책에서 개념을 정리하고, 회의에서 토론까지 잘했는데도 막상 현장에서 손이 멈출 때가 있죠. 머리로는 분명히 이해했는데, 몸이 따라주지 않는 느낌. 이건 이상한 게 아니라 아주 정상적인 과정이에요.

교실과 매뉴얼에는 정답이 있지만, 현실은 사람마다 다르고 상황도 매번 달라서 정답이 없습니다. 그래서인지 저도 준비한 강의 내용으로 강의해도 매번 달라요. AI 시대가 되면서 사실을 기억하고 개념을 이해하는 일은 도구가 대신해 주고 사람은 다른 사람과 교류하고 교감하는 비중이 커지고 있습니다.

중요한 건 기억이나 이해를 넘어선 그 다음이예요. 적용하고, 맥락을 바꿔 응용하고, 결국에는 나만의 방식으로 창조하는 힘. 이건 책에서 배우는 게 아니라 몸으로 겪으며 만들어지는 근육 같은 거예요. 그래서 작은 실수와 어색함은 흠집이 아니라 성장의 기회입니다. 오늘은 그 성장 기회를 온전히 그리고 꾸준히 자신의 것으로 만드는 방법을 이야기해 봅시다.

뭔가를 안다는 건 다섯 단계로 나눠 볼 수 있어요. 기억, 이해, 적용, 응용, 창조의 단계입니다. 1단계와 2단계인 기억과 이해는 정답이 있습니다. 개념을 말하고 원래의 뜻에 맞는지 다른지 확인할 수 있죠. 반면 적용, 응용, 창조 단계는 정답이 어렵습니다. 같은 매뉴얼을 들고도 사람에 따라, 상황에 따라, 다양한 변수에 따라 답이 달라집니다. 그래서 배운 대로만 하면 오히려 실패가 늘 수 있어요.

그 실패가 오답이라기보다 나만의 답을 만드는 과정이니까 괜찮습니다. 그렇다고 해서 기억과 이해를 낮은 수준으로 볼 필요는 없어요. 어떤 것이든 기본에 대한 이해는 출발선이니까요. 다만 이해했거나 안다고 해서 다 할 수 있다고 생각하면 안 됩니다. 야구에서 공을 던지는 자세는 설명할 수 있어도, 마운드에서 스트라이크 존에 찌르는 건 다른 능력입니다. 테니스에서 스핀 공식은 알아도, 상대의 약점을 보고 구질을 섞어 내는 건 현장의 판단이에요. 그러니 "이해했는데 왜 못 하지?"라는 생각 대신, "이해했으니, 이제부터 연습하면 된다"고 가볍게 시작하면 됩니다.

●●● 말도 어렵고, 행동은 더 어렵습니다

'실패를 두려워하지 말자'는 말은 쉬운데, 막상 실패하면 마음이 출렁입니다. 여기서는 '틀렸다'가 아니라 '만든다'로 관점을 바꾸는 게 먼저예요.

아직 굳지 않은 방식은 흔들립니다. 그 흔들림을 기록하면 학습이 됩니다. 다음 같은 기록 하나면 충분해요.

▌가정: 이번엔 이런 이유로 이렇게 하면 통할 거로 생각했다
▌행동: 실제로 이렇게 해봤다
▌결과: 이런 결과가 나왔다
▌다음 변화: 다음엔 이 한 가지를 바꿔본다

반성문이 아니라 실험 노트로 남기면, 실패는 데이터가 되고 데이터는 다음 선택을 가볍게 해줍니다. 정보를 모으고 요약하는 일은 AI를 잘 활용하면 훨씬 더 빨라집니다. 그래서 중요한 건 시간을 어디에 쓰느냐이고, 그 차이가 결국 실력의 차이를 만들어냅니다.

이를 위해 제가 쓰는 P-P-F 패턴 즉 **질문-초안-현장 실험** 패턴을 추천해 드립니다. 먼저 Prompt(질문) 단계에서는 무엇을 확인하고 싶은지를 명

확하게 묻는 것이 중요합니다. 질문이 분명할수록 답도 선명해지기 때문이죠. 그다음은 Prototype(초안) 단계입니다. 이 과정에서는 바로 써먹을 수 있는 초안을 뽑아내는 데 초점을 맞춥니다. 완벽하지 않아도 좋습니다. 일단 뼈대를 잡아야 다음 단계로 넘어갈 수 있으니까요. 마지막은 Field test(현장 실험) 단계입니다. 작은 규모라도 현장에서 곧바로 시험해 보는 겁니다. 실제 적용을 통해 아이디어의 타당성을 확인하고, 필요한 수정점을 빠르게 찾아낼 수 있습니다.

예를 들어 봅시다. 인사팀 윤 매니저는 이번에 전사 차원의 교육 프로그램을 기획하는 과제를 맡았습니다. 자료는 방대하고 일정은 빠듯해 막막했지만, AI를 활용해 P-P-F 패턴을 적용했습니다. 먼저 Prompt(질문) 단계에서 "최근 국내외 기업들이 어떤 인재 교육 프로그램을 운영했는지, 성공 사례와 실패 사례를 나눠 정리해 줘"라고 AI에 물었습니다. 질문을 구체적으로 하자, AI는 관련 보고서와 기사 요약을 정리해 주었습니다. 그다음은 Prototype(초안) 단계였습니다. 윤 매니저는 "위 내용을 참고해서 우리 회사 상황에 맞는 교육 프로그램 초안을 3가지 형태로 정리해 줘"라고 요청했습니다.

AI는 교육 주제, 예상 소요 비용, 운영 방식까지 포함된 프로그램 뼈대를 제안했고, 윤 매니저는 이를 곧바로 회의 자료에 반영해 다른 팀원들의 의견을 모으고 거기에 추가로 자신의 의견을 더했습니다.

마지막은 Field test(현장 실험) 단계입니다. 제안된 아이디어를 실제 교육 대상자들에게 의견을 묻거나 아이디어 하나를 인력이 적은 부서에 시범 적용해 본 것이죠. 예상과 달리 윤 매니저가 처음 생각했던 방식보다 AI가 제안한 다른 방식에서 직원들의 만족도가 훨씬 높게 나왔습니다. 이 데이터를 근거로 프로그램을 정식으로 확대 시행할 수 있었고, 인사팀은 시간을 크게 절약하면서 더 효과적인 교육안을 빠르게 완성할 수 있었습니다.

이 패턴을 한 달에 1번만 정리해도 1년이면 12개의 패턴을 만들 수 있고, 그중에서 절반 정도인 6개만 챙겨도 전사 차원의 교육 프로그램을 설계하고 기획부터 운영까지 나만의 일하는 패턴이 생깁니다. 이게 현장 감각을 단단하게 만들어요. 나만의 패턴이 생기면 현장에서 더 자신이 생깁니다. 어려운 건 꾸준함을 유지하는 것이죠. 그래서 저는 매일 이런 나만의 패턴 만들기로 '21일 카드'를 씁니다.

원리는 나만의 일하는 패턴을 만드는 행동을 반복하는 겁니다. 눈에 보이는 행동 3가지를 정해 매일 15분씩, 21일 동안 반복합니다(제 사례가 138페이지에 있으니 참고 하세요).

물론 의미 없는 행동은 아니고 규칙에 맞는 행동입니다. 먼저 관찰이 가능한 행동을 정해야 합니다. 예를 들어 '소통 잘하기'라는 추상적인 표현 대신 '점심 전 동료와 5분 잡담하기', '퇴근 전 오늘 배운 한 가지를 3줄로 메모하기'처럼 구체적으로 적는 겁니다.

그리고 나, 팀, 가족, 세 영역에서 각각 한 가지씩만 정합니다. 일의 성과와 삶의 만족은 연결돼 있기 때문에, 단순한 행동을 여러 영역에 걸쳐 잡아야 두루두루 효과를 볼 수 있습니다.

마지막으로 체크박스는 ○와 X로 표시합니다. 성공만 기록하지 말고, 실패도 기록으로 남기세요. 세 가지 행동 중 두 개만 지켰다면 세모도 괜찮습니다.

이렇게 관찰할 수 있는 구체적인 행동을 정해서 21일 카드로 만들어서 시도해 봤는데, 행동이 낯설고 어렵다면 다른 행동으로 바꾸면 됩니다. 세상에 좋은 행동은 많습니다. 그러나 좋다는 행동이 모두 나에게 맞을 순 없죠. 아무리 좋은 행동이라도 X가 많다면 그 행동은 나와 맞지 않는 겁니다.

그럴 땐 매일 한 번 동료와 잡담하기(5분), 매일 동료나 후배의 고충 들어주기(5분), 매일 팀원의 굿 케이스를 한 건 기록하기(5분), 매일 업무 종료 전 오늘의 업무를 세 줄로 정리하기, 매일 15분 신문 읽기 등과 같은 다른 행동으로 수정합니다. 종이 카드를 사용해도 좋고, 캘린더 체크박스를 활용해도 괜찮습니다. 중요한 건 가시성과 즉시성입니다.

책상 위, 모니터 옆, 휴대폰 첫 화면처럼 눈에 잘 보이고 손이 저절로 가는 자리에 두어야 합니다. 21일이 지나고 지킨 결과를 봤더니 X가 많다면 다음 4가지를 살펴보세요.

- 행동이 추상적이라면 보이는 동사로 바꾼다
- 습관으로 만들려는 행동은 가능한 3개를 넘지 않는다
- 행동을 하는 데 많은 시간이 필요하다면 15분에서 30분 내로 수정한다
- 가능하다면 가족이나 동료들에게 일주일에 1번 정도 피드백을 주고받는다

●●● 본인의 가능성을 믿으세요. 시간은 당신 편입니다

결국 실력은 하루에 조금씩 올라가요. 손흥민 선수도 어느 날 갑자기 잘하게 된 게 아니라, 매일

의 작은 루틴이 쌓여 지금의 폼이 된 거예요. 손흥민이 터치 감각을 깨우듯, 출근하면 바로 '손에 맞는 워밍업'을 정해 두세요.

길게가 아니라 짧고 같은 패턴이 핵심입니다. 이를테면 오늘 핵심 자료를 5분간 훑어보고, 키워드 3개를 메모하는 식으로 정리할 수 있습니다.

매일 같은 타이밍에 같은 동작을 하면 시작이 덜 버겁습니다. 손흥민이 양발 슈팅을 만들었듯 본인이 가장 약한 부분을 매일 먼저 만져 주세요. 숫자에 약하다면 숫자 표를 15분간 정리하고, 글이 약하면 문단 1개를 15분간 다듬고, 말하기가 약하면 스크립트 5줄을 15분간 소리 내어 읽습니다.

잘하는 것부터 하면 기분은 좋지만 성장은 느립니다. 약한 것부터 하는 15분이 가장 빠른 향상을 체감하게 해줘요.

손흥민이 경기주기에 맞춰 몸을 관리하듯, 내가 자는 시간과 먹는 시간을 최대한 일정하게 묶어 두면 에너지

기복이 줄어듭니다.

　　　　'잘 때 자고, 먹을 때 먹는' 단순함이 일할 때는 가장 큰 힘입니다. 야근했어도 기상 시간은 지키는 쪽이 회복이 빨라요. 오늘부터 21일 카드 하나 만들어 보세요. 형식은 간단해요.

보이는 행동 3개를 고르고, 매일 15분씩, 21일 동안 체크합니다. 매일 15분 동그라미 한 칸이 쌓이면, 학습과 실행은 더 이상 따로 놀지 않습니다.

"매일 실천하는 제 루틴이에요"

행복한 메시지

1. 나는 매일 1번 독서하고, 키워드 3개를 정해 메모한다.

2. 나는 동료들과 매일 1번은 잡담한다.

3. 나는 매일 1번 산책한다.

▌21일간의 약속

1	2	3	4	5	6	7
8	9	10	11	12	13	14
15	16	17	18	19	20	21

나만의 21일 카드   "매일 실천하는 15분 루틴"

눈에 보이는 행동 3가지 적기

1. 나는 ——————————————————— 한다.

2. 나는 ——————————————————— 한다.

3. 나는 ——————————————————— 한다.

▌작성 예시: '나는 매일 A 행동을 B번 한다' 형식으로,
A는 눈에 보이는 행동을, B는 횟수를 적습니다.

일을 하면서

자신감이나 뿌듯함을 느꼈던

순간을 적어보세요.

업무 그립감

업무 그립감은 일에 대한 직관이 생기고 자신감이 붙는 상태, 즉 일을 머리로 이해하는 차원을 넘어 몸이 기억하는 느낌으로 '이 일은 이렇게 하면 된다'는 흐름과 관점이 익숙해진 상태를 뜻합니다. 이번에는 시키는 대로 일하는 것을 넘어 일을 주도적으로 이끄는 방법과 관점에 관해 이야기합니다.

업무 그립감이 커지면 일의 큰 그림을 볼 수 있고, 일에 덜 시달리며 주변 동료들에게는 같이 일하기 편한 사람으로 자리매김할 수 있습니다.

#일의 시작과 끝 경험하기 #워크 라이프 하모니 #나만의 루틴 #갈등 해석력 #슬로우 스페이스 정하기 #업무 레시피 #휴민트 네트워킹

14

일이 손에 착 감기는 그립감을 키워보세요

저는 요즘 테니스를 취미로 합니다. 아직 잘 친다고 하긴 어렵지만, 시간을 내어 레슨도 받고 주말엔 연습도 합니다. 테니스를 쳐보신 분들은 아시겠지만, 처음 라켓을 잡았을 때 진짜 어색하죠. 한마디로 뚝딱거립니다. 내 몸인데 내 맘대로 되지 않고 내 손인데 내 의지대로 움직이지 않아요. 레슨 선생님이 그립을 어떻게 잡아야 하는지를 알려주시면 듣는 순간 머리로는 이해가 되는데 손은 영 불편하고 공도 잘 안 맞아요. 뭔가 어색합니다. 힘을 줘도 공은 엉뚱한 데로 날아가고 손목이 아프죠. 앞으로도 테니스를 계속 칠 수 있을까 싶고 괜히 시작했다는 생각이 들었습니다. 그런데 그걸 몇 주를 넘기니, 테니스 라켓이 제 손에 착 감기는 날이 오더군요. 라켓으로 친다는 느낌을 넘어 라켓을 내 손처럼 다루는 순간. '아, 이게 바로 그립감이구나' 싶었어요.

회사에 입사하거나 직장을 옮겼을 때도 비슷한 거 같아요. 일의 전체 흐름을 모르니까 계속 엉뚱한 데로 가고, 무엇을 놓쳤는지도 모르겠고, 손끝에서 일들이 자꾸 빠져나가는 기분이 들다가 어느 순간부터 일이 '착' 감기죠. 보고서 구조가 머릿속에 떠오르고, 대화의 흐름에서 누가 뭘 원하는지 감이 오고, 내가 지금 무엇을 책임지고 있고 어디까지 끌고 가야 하는지 자연스럽게 알게 되는 그 감각, 그게 '업무 그립감'입니다.

업무 그립감은 익숙하다는 것과는 좀 달라요. 익숙한데도 자꾸 실수하게 되는 일이 있고, 반대로 복잡해 보여도 왠지 직관이 생기고 자신감이 붙는 일이 있어요. 직관과 자신감이 붙는 상태를 업무 그립감이라 할 수 있습니다. 물론 내 직관만 믿으면 일을 망칠 수 있어요. 나의 직관이 혹시 편견은 아닌지, 기분 탓은 아닌지, 그릇된 정보 때문은 아닌지를 따져 봐야 합니다. 그렇게 자신의 직관을 갈고 닦아야 난감한 사람, 둔감한 사람이 아닌 일잘러, 탑 티어가 될 수 있어요.

업무 그립감이 생기면 성취감이 업그레이드됩니다. 다른 사람과의 협업할 때는 내가 어느 부분을 리드하고 어느 부분은 상대를 따라가야겠다는 것을 판단하는 감각이 생기죠. 일에 끌려가기보다 일의 멱살을 잡고 끌고 간다는 느낌이 옵니다. 그래서 일하며 생기는 피로감보다 재미가 생기고 성과는 자연스럽게 따라옵니다.

제가 업무 그립감을 키우는 방법은 3가지입니다. 우선 추천하고 싶은 방법은 **일의 시작과 끝을 모두 경험해 보는 겁니다.** 우리는 보통 업무의 일부만 맡아요. 예를 들어 인사팀이라면, 인사 평가 공지 메일을 보내거나 시스템을 세팅하고 문의받는 등 중간 단계의 일을 하게 되죠. 그런데 이런 실무만 반복해서는 업무 그립감이 생기지 않아요. 왜냐하면, 일이 앞뒤로 어떻게 연결되는지 모르면 흐름을 끌 수가 없거든요. 평가 제도가 왜 이렇게 설계되었는지, 어떤 회의에서 어떤 이견들이 있었는지, 평가 이후 승진은 어떻게 결정되고 그 이후 교육은 어떻게 이어지는지까지의 큰 그림을 알아야 비로소 일이 손에 감기기 시작합니다. 그래서 가능하면 나의 업무에 앞뒤 프로세스를 다 경험해 보는 것을 추천합니다. 그렇게 해보면 정말 감각이 달라져요.

물론 혼자 나서서 이렇게 다 해보겠다고 하면 오지랖으로 오해받을 수 있어요. 그럴 땐 "제 업무를 더 잘 이해하고 싶어서요. 그래서 앞뒤 단계도 직접 경험해보고 싶습니다" 이렇게 말하는 거예요. 이건 선을 넘는 게 아니라, 내 일을 더 깊이 이해하려는 태도로 보입니다.

다음 방법은 **데이터는 책상에서, 감각은 현장에서 익히는 겁니다.** 데이터는 일의 일부분일 뿐이에요. 업무 그립감은 현장에서 키워집니다. 영업 관리자라면 판매사원 교육을 기획할 일이 생기겠죠. 보통은 설문조사를 돌리고 예전 자료도 붙여 넣고 하면 웬만큼 무난한 결과가 나와요. 그런데 이런 방식은 약간 아쉽고 업무 그립감도 잘 생기지 않습니다. 이럴 땐 설문조사를 바탕으로 사람들을 직접 만나 이야기 나눠 보는 겁니다.

예를 들었던 판매사원 교육을 기획한다면 현장에 가서 영업사원들을 직접 만나 "요즘 어떤 상황이 가장 어려우세요?", "교육은 어떤 방식이 부담 없으셨어요?", "최근 기억에 남는 고객 대응 사례가 있다면요?" 이렇게 직접 묻고, 반응을 보고, 표정과 말투를 느낍니다. 그리고 그걸 내 손으로 정리하고, 내 언어로 풀어봐야 일이 진짜 내 것이 됩니다.

업무 그립감을 키우는 마지막 방법은 **퇴근 전 '내일 할 일'을 메모**하는 겁니다. 그냥 할 일을 나열하는 게 아니라, "왜 이 일이 찜찜한지", "어떤 리스크가 있는지", "대략 어떤 흐름으로 처리해야 할지"를 한두 줄 써보는 거예요. 오늘의 일에 대한 감각이 있을 때 내일의 일에 대한 스케치를 미리 정리해 두는 겁니다. 어떤 분은 아침에 출근해서 오늘 할 일을 적는다고 하는데, 어제의 감이 사라진 상황에서 다시 적으려고 들면 아무래도 시간이 더 걸립니다. 그러니 퇴근하기 전에 내일 할 일을 적어두면 좋습니다.

저 같은 경우는 구글 킵을 사용해요. 오늘 썼던 구글킵을 복사할 수 있는데, 오늘 일의 연장선에서 시간이 오래 걸릴 것으로 예상되거나 오늘 예상했던 시간보다 더 걸렸던 일들을 표시합니다. 그럼, 내일 시작할 때 어느 정도 예상하며 시작할 수 있죠. 구글 킵처럼 가볍게 쓰고 싶다면 마이크로소프트 투두나 투두이스트가 좋고, 좀 더 체계적으로 관리하고 싶다면 노션이나 트렐로를 활용하는 것을 추천해요.

무슨 일이든 첫 시도는 부담이 있지만 그 다음부터는 부담이 좀 줄잖아요. 그런 특징을 활용하세요. 내일 할 일을 미루어 짐작하면 머릿속에서 떠돌던 막연한 일에 대한 부담감이 명확해져서 정리된 과제로 변합니다. 이렇게 퇴근 전 내일 할 일을 적는 것은 퇴근 후 일의 잔상이 남는 찜찜함을 지울 수 있어요. 끝내지 못한 일이 머릿속에서 잔상으로 남아 있는 현상을 '자이가르닉 효과'라고 하는데 이걸 줄이는 좋은 방법이 내일 할 일 메모입니다. 오늘 업무 필(feel)이 떨어지기 전에 적고 내일 일을 필(feel)에 따라 시작하는 겁니다.

••• 집요함이 나를 성장시킵니다

아마추어는 지시를 기다리지만, 프로는 업무 필(feel)에 따라 먼저 움직입니다. 신입 시절의 실수는 배움의 과정이라고 해도, 회사는 결국 아마추어가 아닌 프로를 원합니다. 연차가 쌓여도 여전히 미숙하며 주의가 부족한 사람에게 월급을 주는 회사는 없어요. 이 격차를 줄이기 위해 필요한 것이 바로 '업무 그립감'입니다.

업무 그립감이 있는 사람은 말이 많진 않아도 일의 핵심을 짚고, 뜬금없는 질문을 던지지 않고 킬링 포인트의 질문을 던집니다. 업무 그립감이 충만한 사람은 다른 의견에 맥락 없는 답변이 아닌 티키타카의 피드백을 주고받으며 자기 성과를 챙깁니다. 업무 그립감은 타고나는 게 아니에요. 수없이 반복하고 지겹도록 기본을 다지고 흐름을 놓치지 않으려 애쓴 시간이 모여 생기는 거죠. 그런데 이걸 몸소 증명해 준 인물이 있어요. 테니스 레전드인 '라파엘 나달Rafael Nadal'입니다.

라파엘 나달은 어릴 때부터 하루 5시간 이상 같은 스윙을 수천 번씩 연습했다고 해요. 공을 많이 친다고 실력이 느는 게 아니라, 하나의 동작을 같은 각도와 힘으로 반복해 감각을 손에 익히는 게 중요하다는 걸 그는 어릴 때부터 알고 있었던 거죠. 어떤 시즌에는 백핸드 그립을 교정하느라 손등이 벗겨질 정도로 연습하고, 심지어 경기 다음 날에도 같은 스윙을 2시간 이상 반복하는 걸 일상처럼 해왔다고 합니다. 그가 말하는 실력은 재능이 아니라 태도에서 비롯된다는 것이죠. 손에 감기도록 만드는 집요한 반복, 무너져도 다시 세우는 루틴, 그게 결국 세계 1위를 만든 거예요.

'행복은 문제가 없다는 것이 아니라 문제들을 다루는 능력에 달려 있다'라는 말이 있습니다. 저는 이 말에 매우 공감해요. 우리가 하는 모든 일은 다 어렵고 해결해야 할 문제점을 갖고 있습니다. 하지만 내가 행복하고 싶다면 그 문제들을 어떻게 다룰 것이냐가 중요하고, 그 문제를 다루는 태도는 나의 업무 그립감을 키우는 것입니다.

남이나 회사가 아닌, 나 자신의 행복을 위해 '나는 해낼 수 있다'는 조용한 자기 확신을 키워야 해요. 일하는 실력의 지표 같은 건 없어요. 그러니 남과 비교해 움츠러들지 마세요. 그저 일이 내 손에 착 감길 때까지 집요하게 나를 훈련하는 것, 그것이 핵심입니다. 라켓이 손에 감기듯 말이죠.

15

습관된 노력이
재능이에요

　　동네 산책하는 것을 즐기는 편입니다. 경복궁역 근처에 어느 날부터 긴 줄이 늘어서더군요. 서촌 초입의 그 골목, 바람이 볕과 그늘을 번갈아 빚어놓던 오후였습니다. 기온은 낮았지만, 사람들의 기다림은 뜨거웠죠. 어느 중국집 앞, 긴 줄이 골목을 한 바퀴 감쌌습니다. 지나는 이들이 "거기 '철가방' 셰프 있는 집이래"라며 속삭였습니다. 방송에서 '철가방 요리사'로 알려진 임태훈 셰프의 가게였고, 요즘은 오픈 전에 줄이 생기더군요. 화면으로 보던 그 집의 불맛이 현실의 공기 속에서도 어렴풋하게 느껴졌습니다. 사람들은 기꺼이 시간을 지급하고 맛의 정답을 확인하러 온 듯 보였습니다. 줄은 길었지만, 표정은 대체로 가벼웠습니다. 먹는 일에는 설명이 덜 필요하니까요. 공감은 혀끝에서 빠르게 합의됩니다. 방송 이후로 손님이 몰린다는 기사도 여러 번 봤습니다.

임태훈 셰프가 철가방 요리사로 불리며 대중에게 알려진 뒤, 종로의 그 집 앞엔 새벽부터 대기 줄이 생겼다는 보도가 있었죠. 줄의 길이는 결국 한 사람의 실력과 한 편의 이야기가 만날 때 생기는 현상일 겁니다. 그런데 그 긴 줄을 이긴 줄이 있었습니다. 맞은편 골목으로 시선을 돌리니 또 다른 줄이 조용히 늘어서 있더군요.

'책방 오늘' 문패가 단정했습니다. '오늘'이라는 그 단어가 신기하게도 사람들의 발걸음을 붙잡고 있었죠. 이곳은 작가가 직접 차린 독립 서점으로 알려져 유명해졌습니다. 이 서점의 이야기를 모르는 사람도, 간판만 보고도 '오늘의 책을 파는 곳이구나' 하고 미소 지을 법한 이름입니다. 얼마 전에는 이 서점의 주인으로 알려진 한강 작가가 노벨문학상을 수상했다는 소식이 전해졌지요. 사실이든 상징이든, 사람들은 줄을 서 각자의 '오늘'을 한 권 사 가는 얼굴이었습니다.

그날 저는 두 줄을 번갈아 바라보며 멈칫했습니다. 한쪽은 불길과 칼질, 열의 리듬이 만든 맛으로 사람을 불렀습니다. 다른 한쪽은 종이와 잉크, 문장의 결이 만든 생각으로 사람을 불렀습니다. 저는 그 두 줄을 번갈아 보며 중얼거렸습니다. "저 셰프님은 타고난 걸까, 아니면 연습의 산물일까?", "저 작가님은 타고난 감각일까, 아니면 꾸준한 개정과 퇴고의 결과일까?" 재능이 앞서는가, 노력이 앞서는가 고민이 되더군요. 사람들은 언제나 둘을 갈라놓고 말하지만, 우리가 직업을 선택할 때 재능과 노력으로 깔끔하게 나눠지지 않는 듯합니다.

••• 적성과 노력 사이에서 길 찾기

직업을 고를 때 우리는 두 장의 지도를 펴 듭니다. 하나는 '적성'이라는 지도입니다. 좋아하고 잘할 것 같은 일을 표시해 둔 지도죠. 다른 하나는 '노력'이라는 지도입니다. 시간을 들이면 올라갈 수 있는 길, 반복할수록 분명히 나아지는 구간이 그려진 지도입니다. 문제는 이 두 지도가 처음부터 딱 맞게 겹치지 않는다는 것입니다.

적성의 지도는 대개 흐릿하고, 노력의 지도는 종종 멉니다. 그래서 사람들은 '나와 맞는 일을 골라야 한다'라는 조언과 '뭐든 노력하면 된다'는 구호 사이에서 흔들리죠.

중국집과 서점을 지나며 고민했던 적성과 노력에 대한 제 나름의 의견은 이렇습니다. 셰프나 작가 같은 직업도 시작부터 '나는 셰프감이야', '나는 작가감이야'라고 확신했을 가능성은 높지 않습니다. 길 위에서 서서히 "아, 이쪽일지도 모르겠다"는 감각을 얻었을 겁니다. 그 감각은 재능의 증명이기보다는, 일과 몸이 맞물리는 순간이 반복되며 생기는 촉이겠죠. 오늘의 칼질이 어제보다 덜 흔들리고, 오늘의 문장이 어제보다 덜 경직될 때, 사람은 비로소 "나와 맞는다"를 조용히 속삭입니다. 이 조용함이 중요합니다. 재능을 선언하는 대신 적합성을 추적하는 태도. 선언은 사람을 빨리 굳히지만, 추적은 사람을 오래 버티게 합니다.

습관이 된 노력은 재능처럼 작동합니다. 아침마다 같은 시간에 칼을 갈고, 같은 시간에 한 문단을 소리 내어 읽고, 같은 시간에 전날의 결과를 확인하는 반복이 어느 순간 감각의 자동화를 만드는 것 같아요. 사실 이런 감각은 꾸준히 길러진 '몸의 기억'에 가깝지만, 다른 사람이 볼 때 타고난 것처럼 보입니다. 그래서 저는 재능을 두 가지로 나눠 부릅니다.

선천적 재능과 체화된 재능. 둘 다 존재하고, 둘 다 일합니다. 다만 후자가 더 많은 사람에게 열려 있습니다. 그러나 습관만으로는 부족합니다. 세상과 연결되는 회로가 필요합니다. 음식은 손님의 숟가락 속도를, 글은 독자의 머뭇거림을 봅니다. 반응을 관찰하고, 그 반응에 체계적으로 대응하는 습관이 노력의 효율을 끌어올립니다. 전보다 이번이 조금 나아졌는지를 스스로 점검하고 그러면서 메뉴의 간을 반 칸 줄이거나 문단의 호흡을 한 번 나눠보는 노력 말이죠. 이 작은 노력들이 쌓이면, 남들은 그 연속성을 '재능'이라고 부릅니다.

많은 이가 초입에서 시간을 과하게 씁니다. 자기분석, 성향 검사, 장단점 표 만들기. 그 과정은 분명 도움이 됩니다. 다만 책상 위 진단만으로 답을 얻기는 어렵습니다. '나는 무엇을 좋아하는가?'보다 '무엇을 해봤을 때 내 체온이 어떻게 변했는가?'를 기록하는 편이 낫습니다.

새 업무를 맡았을 때 아침이 빨리 오길 바랐는지, 회의가 지나치게 소모적으로 느껴졌는지, 마감 직전 집중이 올라갔는지를 메모해 두세요. 이것이야말로 살아 있는 적성 일기입니다. 적성은 머릿속 개념이 아니라 피부온도와 호흡으로 확인됩니다.

노력의 한계에 관해 묻는 분들도 있습니다. "노력하면 어느 정도까지 가능할까요?" 분야마다 다릅니다. 그래도 한 가지는 분명합니다. 모든 일에서 노력한다고 남들보다 탁월할 순 없지만, '어느 정도'의 성과는 나의 패턴을 분명하게 만들어주죠. 나의 패턴으로 어제의 나보다 반걸음 나은 결과를 만들고 느껴보세요. 그렇게 나의 패턴과 성과 그리고 세상의 반응이 어우러지면, 나만의 순환이 될 것입니다. 이런 선순환은 나를 성장하게 만드는 힘이 될 것입니다. 중요한 건 자신의 평균선을 조금씩 올리는 일입니다. 그 방법은 의외로 단순합니다.

같은 시간에 준비하고, 같은 방식으로 검토하고, 같은 리듬으로 쉰 다음 다시 시작하는 것. 버틴다는 건 억지로 참는 게 아니라, 내가 만든 루틴을 내 편으로 데려오는 일입니다.

피드백의 속도에 따라 필요한 재능의 비율도 달라집니다. 중국집의 줄은 즉각적입니다. 한 접시가 사라지면 바로 반응이 돌아옵니다. 빠른 피드백의 세계에서는 손끝의 정확성과 작은 반복의 정밀도가 더 중요해 보입니다.

서점의 줄은 지연되어 있습니다. 한 권을 읽고, 시간이 지난 뒤 마음속에서 잔향이 올라옵니다. 느린 피드백의 세계에서는 긴 호흡과 일관성이 더 중요해 보입니다. 어느 쪽이든, 보여지는 결과 뒤에는 보이지 않는 시간이 있습니다. 조리대를 닦는 시간, 버린 문장을 털어내는 시간, 손님과 독자의 반응을 다음 주와 다음 장의 설계로 옮겨 적는 시간. 이 시간이 합쳐져 '원래 저런가 보다'라는 오해를 만듭니다. 괜찮은 오해입니다. 그 오해가 우리를 다시 다음 연습으로 데려가니까요.

재능을 타고났다든지, 적성에 딱 맞는다는 느낌이 있으면 좋죠. 요리할 때 손맛을 내며 맛의 균형을 빨리 감지할 수 있죠. 글을 쓰며 단어를 잘 다루고 남다른 관점을 가지며 언어의 결을 빨리 판별하는 사람이 있습니다. 말씀드리고 싶은 것은 직장 생활이라는 긴 경주에서는 관리가 성패를 가른다고 생각해요. 쉬는 타이밍, 수면의 질, 몸의 루틴, 마음의 메모. 평범해 보이는 규칙이 재능을 찾아주는 도구라고 생각해요.

어떤 직업을 선택할 때 적성인지, 노력하여 적응인지 고민할 수 있어요. 하지만 직업을 선택하는 출발선에서 너무 오래 시간을 들이지 말고 짧고 촘촘한 시도를 늘리면 어떨까요? 세상과 시장의 반응을 '판정'이 아니라 '안내'로 받아 드리면 어떨까요? 어떤 직업을 선택하자마자 '됐다' 또는 '안됐다'라는 한 번의 판단보다 이번의 시도에서 느낀 점을 다음 선택에서 교정하는 식으로 말이죠. 그렇게 내 재능이 무엇인지 명확해집니다.

'적성 찾기'에 시간을 쓰기보다, 여러 시도를 실제로 해 보며 그때그때 내가 일에서 무엇을 느끼는지 정리해 두자. 좋아함과 잘함의 교차점을 종이 위 표가 아니라 몸의 기록으로 찾자.

그 기록이 어느 날 한 방향을 꾸준히 가리키기 시작하면, 그때 재능이라는 이름을 붙여도 늦지 않습니다.

●●● **노력은 적성을 마중 나가는 습관입니다**

재능과 노력은 직업을 선택할 때 필요한 도구 같아요. 둘이 함께 있을 때 길게 갑니다. 서촌에 있는 중국집과 서점 앞에 생긴 긴 줄은 이런 재능과 노력을 보여주었습니다. 어떤 일이든 재능만으로 일하기엔 어렵고 무슨 일이든 노력만 한다고 오래 할 수 없죠. 재능은 습관화된 노력입니다.

영화 〈먹고 기도하고 사랑하라〉의 한 장면으로 마무리할게요. 한 가난한 남자가 '제발 제발 제발 복권에 당첨시켜 주소서'라며 교회 성자 상 앞에서 기도했습니다. 매일 매일 매일 말이죠.

화가 난 성자 상이 참다 못해 사람으로 나타나 고함쳤어요.

"인간아, 제발 제발 제발 복권이나 사고 빌어라"라고요.
직장인들 흔히 월급쟁이를 벗어나려면 '로또 외에 답 없
다'고들 하죠. 하지만 지금 할 일은 가능성 거의 없는
로또보다 새로운 시도와 남들의 피드백을 듣고 조금씩
내 직장 생활의 방향을 잡는 것이 아닌가 싶어요. 선천
적 재능이 없으면 후천적 노력을 하거나 모르는 적성보
다 보이는 노력을 하는 게 더 나은 나를 만들 겁니다.

작가의 친절한 잔소리　　"저라면 이렇게 해 보겠어요"

- 나의 일에 시작과 끝을 정리해 보세요. 어떤 상태로 받았고, 어떤 결과물을 전달해 줘야 하는지를 적어봅니다.

- 일하며 일의 흐름과 방법이 몸에 착 감기는 업무 그립감을 느낀 적이 있나요? 한 번 적어 보세요.

- 일할 때 자신만의 루틴을 만들어 보세요. 제 글쓰기의 루틴은 '커피 한 잔 마시며 신문 보기 → 눈에 띄는 기사 스크랩과 반론 적어보기 → 반론을 적고 나서 글쓰기를 시작합니다. 무작정 '글쓰기'가 아니라 '읽기와 반론으로 글쓰기'를 시작합니다.

16

연주하듯
직장 생활하세요

우연히 본 유튜브 영상 하나가 있습니다. 두 남자가 대화를 나누고 있었죠. "제니랑 로제가 고백하면 누구랑 사귈래?" 가볍고 쓸데없는 질문이긴 한데, 둘 다 의외로 진지하게 토론하더라고요. 처음엔 웃겼어요. 그런데 이상하게 자꾸 생각이 나더라고요. '이게 정말 고민인가? 아니면 고민처럼 보이는 걸까?' 사실 꼭 선택하지 않아도 되는데, 선택해야 하는 것처럼 몰아가는 상황, 이런 걸 '유사 갈등'이라고 해요.

짜장이냐 짬뽕이냐, 프라이드냐 양념이냐. 그래서 요즘

은 굳이 하나를 포기하지 않고, 짬짜면이나 반반 치킨 처럼 둘 다 적당히 누리는 절충안도 많아졌잖아요. 그런데 이런 유사 갈등, 우리 삶에서도 자주 마주칩니다. 가장 대표적인 게 바로 이 질문이 아닐까요?

"일이 중요하냐, 삶이 중요하냐?"

회사에서 야근하다 보면 문득 '이렇게 살아도 되나?' 싶은 생각이 들고, 반대로 긴 휴가를 내고 마음껏 여행을 즐기다가 '이래도 되나?' 하는 불안감이 밀려올 때가 있어요. 어딘지 애매하고 어중간한 마음이죠. 그런데 꼭 하나만 골라야 할까요? 꼭 그래야만 하는 걸까요?

'워라밸'이라는 말, 다들 익숙하시죠? 워크 라이프 밸런스. 그 단어를 들으면 우리는 자연스럽게 한쪽에는 일, 다른 한쪽에는 삶을 올려놓고 균형을 맞추는 저울을 떠올립니다. '일이 많으면 삶이 무너지고, 삶을 챙기면 일이 무너진다' 이 말 속엔 일과 삶을 나눠 보는 불편함이 숨어 있어요. 마치 두 영역이 서로 적인 것처럼, 누군가 이기면 누군가는 져야 하는 구조. 하지만 실제 우리의 삶은 꼭 그렇지 않죠. 일이 잘 풀리면 집에서도 기분이 좋고, 삶이 안정되면 일에도 더 몰입이 잘 되잖아요. 서로를 갉아먹기보다 서로를 북돋우는 관계에 더 가까워요.

저는 일과 삶이 함께 커지는 구조라고 생각해요. 그래서 요즘은 '워크 라이프 밸런스'보다는 '워크 라이프 하모니'라고도 합니다. 하모니가 밸런스보다 더 유연하고, 대결보다 어우러짐을 강조하는 것이죠. 물론 워크 라이프 하모니가 현실에서 어렵습니다. 왜일까요?

많은 사람이 일과 삶의 균형을 유지하지 못하는 이유는 4가지 공통점이 있습니다.

첫 번째, **자율성이 없을 때**입니다. 내가 선택해서 시작한 일이 아니라, 그냥 누가 시켜서 억지로 시작한 일처럼 느껴질 때 있죠. "왜 해야 해요?"라고 묻고 싶지만, "하라고 하니까 해야지…"하면서 어쩔 수 없이 시작하는 일은 아무리 열심히 해도 마음이 헛헛해집니다. 내가 주도하는 인생이 아니라, 누군가 리모컨을 쥐고 조종하는 것처럼 느껴지니까요.

두 번째, **몰입이 안 될 때**입니다. 일을 하고는 있지만 자꾸 딴생각이 나고, 눈앞의 일에 마음이 닿지 않을 때가 있어요. 해야 할 일이 너무 많아 마치 과부하가 걸린 기계처럼 움직이거나, 반대로 일이 너무 단순해 지루함 속에 하루가 흐르기도 하죠. 그런 날은 일을 마쳐도 "내가 오늘 뭘 했더라?" 하는 느낌만 남아요.

세 번째는 **의미가 안 느껴질 때**입니다. "이걸 왜 하지?", "누구한테 도움이 되긴 할까?" 이런 질문이 머릿속에 맴돌 때가 있어요. 성과는 나왔지만, 성취감은 없고, 일이 끝나도 마음 한구석이 공허하죠. 일의 이유가 흐려지면, 동기마저 사라집니다.

마지막은 **관계에서 지칠 때**입니다. 일 자체보다 함께 일하는 사람 때문에 힘들어질 때가 있어요. 말 한마디에 마음이 무너지고, 좋은 의도로 했던 행동이 오해를 불러일으킬 때. 감정적인 마찰이 반복되면, 일뿐 아니라 사람 자체가 부담으로 다가오기도 하죠. 이 네 가지가 반복되면 번아웃은 자연스럽게 찾아옵니다. 기운이 바닥나고, '이 일 더는 못 하겠다'는 생각이 들죠.

●●● 일과 삶이 조화로운 직장 생활을 하세요

저도 일하다 보면 일과 삶이 조화를 이루지 못할 때가 많은데요. 제가 쓰는 방법은 2가지입니다. '두 번째 화살 피하기'와 '나만의 슬로우 스페이스 만들기'입니다.

불교 경전에 나오는 이야기 중 '두 번째 화살'이라는 비유가 있어요. 일하다 보면 의도치 않게 어떤 일이나 사건이 벌어지게 됩니다. 이게 첫 번째 화살입니다. 어디서 무슨 일이 벌어질지 모르지만, 그렇다고 조심만 할 순 없죠. 첫 번째 화살은 피할 수 없어요. 그런데 날아온 화살로 내가 스스로 내 마음을 찌르기 시작합니다. '나는 왜 이 모양일까?'라든지, '내가 하는 일이 그렇지. 실력이 부족해서 그렇지'라는 식으로 말이죠. 이런 생각들이 두 번째 화살입니다. 벌어진 사건이나 눈앞에서 일어난 일이 첫 번째 화살이고, 사건과 일에 대한 부정적 해석이 두 번째 화살입니다. 실제 사건보다, 그 사건을 해석하고 반복하는 내 생각이 나를 더 지치게 만들어요.

물론 화살이 날아와도 화살인지 모르고 아무 일도 없었다는 듯이 무시하며 일하자는 건 아닙니다. 본인 생각이 지나치게 확고하고 남의 의견에 무관심한 자아 비대에 빠지면 안 되죠. 다른 사람들의 의견이나 벌어진 일들에 대해 '어, 그래라, 난 내길 간다'라는 식은 문제이죠.

정리하면 지나치게 자신을 탓할 필요도 없고 남의 말도 무관심하지 말자는 겁니다. 자기 자책과 자아 비대의 중간쯤으로 가야죠. 그럴 때는 구체적인 사건과 자기 감정을 적어 보면 도움이 됩니다. 자신이 의도하지 않았지만, 어떤 사고가 벌어지고 비난을 들었을 때 자신이 느끼는 감정을 가볍게 적어 보기. 이번 벌어진 사건이나 다른 사람의 비난에 대한 간단한 묘사, 그것으로 인한 내 행동, 그로 인한 나의 변화, 내가 무엇을 느끼고 변했는지를 잠시 관찰하고 적습니다.

　　　　　예를 들어 봅시다. 김 책임은 팀 전체 회의에서 진행한 프로젝트의 중간 성과를 보고했습니다. 그러나 예상과 다르게 팀장은 중간에 말을 끊고, "이게 지금 숫자가 안 맞잖아"라고 지적하며, 프레젠테이션을 중단시켰습니다. 순간 회의장 공기가 싸늘해졌고, 김 대리는 멈칫하다 발표를 서둘러 마쳤습니다.
이 사건 자체가 바로 첫 번째 화살입니다. 누구에게나 일어날 수 있는 실수이며, 돌발 상황입니다. 회의가 끝난 후 김 대리는 자리에 돌아와 '나는 왜 이렇게 실수만 할까?', '나는 발표에 소질이 없나 봐', '팀장이 나를 싫어하는 게 아닐까?'라는 자책에 빠집니다. 밤이 되어서도 발표 장면이 떠올라 잠을 설쳤고, 다음날도 자책감 때문에 다른 사람들과 눈을 마주치기 어렵습니다. 이처럼 사건이 지나간 후에도 자기 비난을 반복하고, 과도하게 해석하는 반응이 두 번째 화살입니다.

김 대리는 잠시 조용한 공간에 앉아 감정을 종이에 써 봅니다. '오늘 팀장 앞에서 당황했고, 부끄러웠다. 하지만 내가 전체적으로 준비하지 않은 것은 아니었다. 숫자 오류는 있었지만, 다음엔 검토 단계를 추가하면 된다' 이렇게 감정을 정리하면서, **'실패한 내가 문제'가 아니라 '하나의 실수를 한 것'으로 해석의 초점을 이동**할 수 있습니다. 첫 번째 화살은 피할 수 없습니다. 하지만 두 번째 화살은 내가 쏘지 않아도 됩니다. 그 순간의 감정을 무시하지 말고 적어 보고, 사건을 감정이 아닌 관찰자 시선으로 묘사하면, 무의식적인 자책에서 벗어날 수 있습니다.

제가 일하면서 나름 일과 삶의 조화를 위해 노력하는 또 한 가지는 일상 속 여유를 느끼는 슬로우 스페이스를 만드는 것입니다.

슬로우 스페이스는 시간이 느리게 흐르는 걸 그대로 바라볼 수 있는 공간입니다. 그 안에서 내가 잠시 멍하니 머무를 수 있는 여유를 만드는 거죠. 거창할 필요 없습니다. 회사에서 집으로 가는 길에 잠시 들르는 동네 카페, 쉽게 찾아가서 15분 정도 나를 돌아볼 수 있는 동네 공원의 벤치도 좋지요. 이런 나만의 공간에서 나를 돌아보는 시간이 쉼표가 됩니다.

음악에서도 아름다운 선율은 계속된 박자가 아니라 적절한 쉼표에서 나옵니다. 삶도 마찬가지예요. 쉬지 않고 달리기만 하면, 어느 순간 방향을 잃기 쉽습니다. 흔히들 '열심히 일한 당신 떠나라'라는 말처럼 '여름에 떠나는 휴가'나 '연말 크리스마스 연휴'만 휴식이라고 생각합니다. 그런 시간도 좋지만, 쉼은 일상에 있어야 하죠. 그저 멍하니 있는 시간, 아무 말 없이 창을 바라보는 장소와 시간이 나를 다시 살아나게 만듭니다.

●●● 자존감은 자족감에서 비롯돼요

끝으로 강조하고 싶은 것이 있어요. 일과 삶의 조화를 만드는 진짜 힘은, '내가 쓸모 있는 존재'라는 생각입니다. 아무리 시간이 많아도, '내가 하는 일이 아무에게도 도움이 안 돼'라고 느끼면 의욕이 생기지 않죠. 반대로 아무리 바빠도, '누군가에게 나는 꼭 필요한 사람'이라는 마음이 있다면 버틸 힘이 생깁니다. 자신을 가치 있고 소중한 사람으로 여기는 자존감은 스스로 넉넉하다고 여기며 만족하는 자족감에서 비롯돼요.

제가 자주 가는 동네 도서관이 있어요. 책을 반납하려고 안내 데스크에 올리면 어떤 분은 "네, 반납되셨어요"라고 말하죠. 다른 분은 "이번 책은 좀 어떠셨어요? 책이 커서 힘드시진 않았나요? 다 못 읽으셨다면 이번 긴 연휴 때 다시 한번 읽어 보세요"라며 답해줍니다. 잠시 이야기를 나눠 보니 작은 도서관이지만 자신을 '북 소믈리에'로 생각하시더군요. 새로 나온 책을 안내하고 상대가 관심을 가질 만한 도

서도 추천하고요, 동네 주민들과 이야기를 나누고, 그
공간을 따뜻하게 지킨다는 사실이 그를 버티게 만든다
고요. 크고 화려한 일이 아니어도 괜찮습니다. 누군가
에게 필요한 존재라는 감각이 자기 일과 삶을 조화로
만드는 힘이 아닐까요.

일과 삶, 꼭 하나를 선택해야 할 필요는
없어요. 어떤 날은 일에 집중하고, 어떤 날은 나를 돌보
는 시간으로 채우고 곡을 연주하듯, 나만의 박자와 쉼
표를 섞어가며 살면 됩니다. 너무 빡빡하지도, 너무 느
슨하지도 않게 **내 리듬에 맞춰 하루하루 살아가는 것.**
그게 워라밸을 넘어서는 일과 삶의 하모니, 그리고 나
답게 오래 일하는 법입니다.

지금의 회사 경험이
사회생활의 자본이에요

'네카라쿠배당토', 들어보셨죠? 네이버, 카카오, 라인플러스, 쿠팡, 배달의민족, 여기에 당근마켓과 토스를 더 해 부르는 말입니다. 요즘은 어떤 직장을 선호하냐고 물어보면 이 말로 단박에 설명이 가능하죠. 하지만 처음부터 이들이 '빅테크'기업이자 매력적인 근무 환경, 높은 연봉 그리고 안정적인 성장 기회를 제공하는 회사는 아니었습니다. 10년 전만 해도 대부분은 작은 규모의 회사였어요.

창업자와 몇 명의 직원이 모여 기술 중심으로 시작했

다는 이야기들은 다 들어보셨을 겁니다. 그 회사들이 지금은 수만 명의 직원을 두고 세계 시장을 넘나드는 거죠.

회사가 커진다는 건 단순히 건물 높이가 높아지고 직원 수가 많아진다는 뜻만은 아닐 겁니다. 더 많은 자원, 더 넓은 시장, 더 다양한 사람과의 협업이 가능해졌다는 의미도 포함되죠. 물론 개인에게도 다양한 성장과 업무의 기회가 늘어날 겁니다. 회사가 커질수록 업무는 잘게 나눠지고 많은 고객과 글로벌 시장에 대응하기 위해 더 전문화됩니다. 이런 회사의 이름 하나만 있어도 개인의 이력서에는 무게가 실립니다. 회사가 크다고 좋은 건만은 아니죠. 여러 사람이 사업을 수행하면 책임을 분명히 하려고 절차가 복잡해지고 책임 범위를 구체적으로 정합니다.

문제를 해결하기보다는 책임을 구체화하는 문화도 생깁니다. 이게 흔히 말하는 관료주의이고, 이 속에서 개인은 거대 기계의 작은 톱니바퀴 역할로 의욕을 잃기 쉽습니다.

　　　　작은 회사는 다릅니다. 체계가 덜 잡힌 대신 해야 할 일이 많습니다. 입사와 동시에 바로 실전에 투입되죠. 오늘은 기획, 내일은 고객 응대, 모레는 계약 검토. 정신없지만 빠르게 성장할 기회입니다. 내가 한 일이 바로 결과로 이어지니까 보람도 크죠. 하지만 단점도 있습니다. 체계가 없어서 감정이 먼저 튀어나오는 경우가 많습니다. 갈등이 생겨도 뚜렷한 해결 구조가 없으니 그냥 넘어가는 경우가 반복되고요. 책임이 불분명하다 보니 일이나 관계가 쉽게 무너질 때도 있습니다. 그렇다면 어떤 회사를 선택하는 게 좋을까요?

●●● **회사를 선택할 때 기준은?**

　　　　저는 지금 당장 회사의 크기보다 미래의 성장 가능성이 더 중요하다고 생각해요. 회사가 얼마나 변화할 수 있는지, 그 안에서 내가 어떤 역할을 할 수 있는지가 핵심이에요. 작은 조직에서의 경험이 빠르게 성장을 돕는 이유는 단순히 일이 많아서가 아닙니다. 그 이유를 설명할 수 있는 개념으로 직무확대와 직무 충실이 있습니다.

직무확대는 내가 하는 일의 폭을 넓히는 것입니다. 예를 들면 기획만 하던 사람이 고객 응대까지 하는 것처럼요. 작은 회사에선 직무확대가 자연스럽게 가능하고, 큰 회사는 상대적으로 어렵죠. 직무충실은 내가 맡은 일을 주도적으로 하고, 의미를 찾는 겁니다. 단순히 시키는 대로만 하는 게 아니라, 왜 하는지 고민하고 더 나은 방법을 찾을 때 일이 성과로 이어집니다. 인원과 규모가 작은 회사에서는 부담감도 높지만, 상대적으로 자율성과 성취감도 높죠. 그만큼 성장을 자극합니다. 그래서 작은 회사를 경험한 사람은 단순히 일만 처리하는 게 아니라 여러 관점에서 문제를 생각하고 처리하는 사고력과 실행력을 키울 수 있습니다. 이게 바로 요즘 회사들이 찾는 '실행형 인재'죠. 앞으로도 이런 실행형 인재는 더 주목받을 것으로 저는 예상합니다.

여기서 강조하고 싶은 말이 있어요. 회사에 입사해서 겸손한 모습을 보이기 위해 흔히들 "열심히 배우겠습니다"라고 말하는 경우가 있는데, 이 말을 싫어하는 사람도 많습니다. '겸손해 보이면 좋겠지'라고 생각할 수 있는데, 회사는 학교가 아니고 일하는 곳입니다. 교재도 없고, 커리큘럼도 없습니다. 대부분의 일은 '스스로 알아서' 해야 하고, '물어보기 전에 이해'하려고 노력해요.

물론 회사에는 신입사원 교육도 있고 경력사원 안내 교육도 있죠. 그건 성적을 위한 교육이 아닌 성과를 내기 위한 가이드라인을 공유하는 자리입니다. 그래서 "열심히 배우겠습니다"라고 말하기보다 "스스로 알아보고 물어보겠습니다"라고 말하길 권해요. 왜냐하면 나의 업무를 스스로 파악하고 체계적으로 관리하는 사람이 지금 있는 곳에서 일을 잘할 가능성이 크고요, 어디에서 무슨 일을 해도 자신을 믿고 일할 수 있어 더 존중받을 수 있기 때문입니다.

강사는 강의를, 학생은 공부를, 직장인은 일을 잘해야 하는 게 기본이고 강사는 평점으로, 학생은 성적으로, 직장은 성과로 말해야 하죠.

나의 실력을 키우려면 자기 업무의 한계를 넓히면 커질 수 있습니다. 회사에서 일하는 실력을 키우는 방법은 이슈를 발굴하는 **이슈 발굴력**과 여러 사람의 입장이 달라서 생기는 갈등을 해결하는 **갈등 해석력**으로 구성됩니다. 이런 능력들은 다양한 업무를 겪으며 쌓입니다.

이슈 발굴력을 키우려면 일의 전체 흐름을 이해하고, 이슈와 대안이 어떻게 연결되는지 그림을 그려보는 게 연습이 됩니다. 그렇게 한 줄 한 줄 업무의 한계가 그려지면 나무의 나이테처럼 내 일하는 실력이 차곡차곡 쌓입니다. 예를 들어 입사 3개월 차 H라는 직원이 있습니다. 신제품 출시 후 매출이 부진해지자 원인을 파악하라는 임무를 받았죠.

처음엔 막막했습니다. 하지만 그는 결재함에 남아 있던 회의록, 보고서, 기획안, 마케팅 자료, 고객 피드백을 모아 시간순으로 정리했습니다. 그러자 흐름이 보였어요. 초기 타깃은 30대 여성이었는데, 실제 마케팅은 20대 남성 중심으로 진행된 겁니다. 그는 팀장에게 이렇게 물었습니다. "당시 설문에선 30대 여성 고객 의견이 많았는데, 홍보는 왜 20대 남성 중심이었나요? 중간에 목표 고객군이 바뀐 건가요?" 팀장은 잠시 멈추더니 대답했습니다. "위에서 갑자기 타깃을 바꾸라고 해서 그랬어. 사실 우리도 당황했었지"

이 짧은 대화로 H는 회사의 진짜 모습을 배웠습니다. 일이 단순히 순서대로 흘러가는 게 아니라, 그 뒤에는 타협과 지시, 불확실한 판단이 있다는 것. 그리고 그 과정에서 생기는 어색함과 침묵이 결국 갈등으로 남는다는 사실을요.

••• 갈등 해석력이 곧 나의 실력입니다

회사는 다양한 사람들이 함께 일하는 곳입니다. 다양한 사람이 모이면 다양한 기준과 스타일이 있기 마련입니다. 그러면 생각의 차이와 스타일의 차이에서 생기는 갈등도 있죠. 이런 갈등을 해석하는 갈등 해석력도 키워야 합니다. 갈등 해석력은 누가 가르쳐 주지 않습니다. 직접 부딪히고, 불편함을 감수하면서 배우는 겁니다.

일은 지식으로 알 수 있지만, 관계는 경험이고 자기 노하우예요. 이런 자기 노하우에서 가장 중요한 것이 **듣기**예요. 상대가 하는 말을 넘어 상황을 파악하는 겁니다. '저 사람은 왜 저렇게 소리를 높일까?', '저 팀원은 왜 자기 입장만 고집할까?', '왜 저 팀원은 자기 이야기를 안 하고 남의 잘못만 지적할까?' 등을 파악하는 겁니다. '왜 저런 반응을 했을까?'의 생각이 있어야 말이 아닌 상황을 알 수 있습니다. **'저 행동 뒤에는 어떤 감정과 배경이 있을까?'를 짐작하**

고 가설을 세워 파악하는 능력. 이게 바로 회사 생활에서 꼭 필요한 갈등 해석력입니다. 물론 내가 미루어 짐작해서 헛다리를 짚거나 오해할 수 있습니다. 그럴 땐 자기 생각을 빠르게 수정해야죠. 중요한 것은 내 입장만 고집하거나 어떤 의견 차이에 대해 빠르게 수습하려는 것이 아니라 상대를 이해하려는 노력입니다. 이런 갈등 해석력은 잘 듣고 잘 읽고 잘 묻는 습관에서 자랍니다.

회사에는 수많은 보고서, 기획안, 회의록이 남습니다. 그걸 모아 시간 순서대로 정리해 보세요. 흐름이 보이고, 생략이 보이고, 사람들의 생각과 입장이 보입니다. 그 과정에서 질문이 생깁니다. 다른 사람에게 물어볼 때는 "이건 왜 이랬어요?"라며 상대의 잘못을 지적하는 닫힌 질문보다 "당시 목적이 A였는지 B였는지 궁금합니다. 접근 방식이 달라질 것 같아서요. 어떻게 하신 거예요?"라고 선배의 경험을 존중하고 설명을 듣고 싶다는 듯 열린 질문이 좋습니다. 누구나 팩트나 사실만 조사하는 경찰보다 사연과 느낌에 집중하는 동료에게 더 말하고 싶으니까요.

갈등 해석력은 갈등을 완벽히 없애자는 게 아닙니다. 갈등을 파악하고 상황을 해석하는 능력을 갖추자는 겁니다. "왜 이런 일이 생겼을까?"를 궁금해하고 "왜 저들은 저런 반응을 보이고, 무엇이 의견의 차이일까?", "입장의 차이는 무엇이고 공통점은 무엇일까?"를 고민할 때 갈등은 작아지기 마련이죠. 갈등은 없어지지 않습니다. 작아질 뿐이죠.

직장은 수학 문제집 같아요. 풀어야 할 문제가 한가득이죠. 처음에는 공식에 의해서 풀어갈 수 있지만 문제가 변형되면 공식을 넘어 원리를 이해해야 풀 수 있어요. 그렇게 한 문제, 한 문제 풀어가는 겁니다. 그리고 그렇게 경험이 쌓이면 자기 분야에서 탑티어가 될 것입니다. 학교 문제는 정답만 있지만, 회사 문제는 풀면 그게 해답이에요. 그러니 가능하면 일하는 실력을 키울 수 있고, 자신도 성장할 수 있는 회사에서 다양한 문제를 경험해 보세요. 갈등을 두려워하지 말고, 부딪히세요.

지금 경험하면 나중에 더 고차원의 문제를 풀 때 분명 도움이 됩니다. 회사에서 문제를 해결한 경험이 결국 사회생활의 자본금이 될 것입니다.

작가의 친절한 잔소리 ▶ "저라면 이렇게 해 보겠어요"

- '나는 성장하고 있는 걸까?' 하는 불안이 든다면 퇴근 전 이것만 적어 보세요.
  - 이번 주 처음 해본 일 하나
  - 예상과 달랐던 상황 하나
  - 상사나 팀원에게 물어봐서 알게 된 지식 하나

  이런 기록들은 내가 얼마나 달라졌는지를 객관적으로 보여주는 방법이에요.

- 갈등 해석력을 키울 수 있는 방법입니다.
  - 떠오르는 생각을 바로 말하지 말고, 5초만 멈추고 자신에게 설명해 보기
  - 상대방이 왜 저렇게 반응하는지 행동 뒤 마음 상상하기

18

끝까지 해내는 게
프로예요

우리가 택시를 탈 때를 "강남역이요", "서울역 가주세요", "인천공항으로 부탁드립니다" 등 목적지를 말하면 대부분의 기사님은 별다른 대꾸 없이 차를 출발시킵니다. 그다음부터는 조용히 창밖을 보거나 휴대폰을 만지며 목적지에 도착하길 기다리죠. 목적지를 말하면, 기사님은 그 목적지를 향해 운전하는 것. 이것이 우리가 기대하는 기본이자 신뢰입니다.

그런데 이런 상황을 상상해 봅시다. 동료들과 회의에 가기 위해 택시를 탔고, "강남역이요"라고 말했더니 기사님이 이렇게 대답합니다. "제가 강남은 싫어해서요. 그쪽으로 못 가겠습니다" 순간 어리둥절해질 겁니다. 아니, 목적지로 가달라고 돈 내고 탔는데 본인의 취향에 따라 목적지 자체를 거절당하는 상황이라면 무슨 이런 경우가 있나 싶고 황당할 것입니다. 어쩌면 당황하거나 불쾌해질 수도 있죠.

이런 경우가 있냐고 반문할 수 있지만, 우리가 회사에서 일할 때 내 생각과 의견을 회사 업무보다 앞에 두고 자기의 생각을 강조하는 경우를 비유해서 설명한 사례입니다.

회사의 일이라는 것이 각자의 자리에서 누군가의 요청을 받고, 그 일을 완수하기 위해 움직입니다. 그런데 가끔 이런 말을 듣게 되죠. "저는 이거 싫은데요. 이건 제 스타일이 아니에요", "이건 해본 적이 없어서요. 못 하겠습니다", "저는 기획만 해봐서 운영은 잘 몰라요. 그래서 못 하겠습니다" 이런 말들은 실패가 두려운 마음에 하는 말일 수도 있고, 일단은 부정하고 나중에 긍정하는 태도일 수도 있지만, 어쨌든 일에 대한 부정적인 접근으로 느껴집니다. 택시 안에선 '승차 거부', 회사에서 들으면 '업무 거부'로 들리죠.

물론 어떤 업무든 맹목적으로 받아들이라는 뜻은 아닙니다. 하지만 자신의 맡은 일에 대해 긍정적인 자세로 시도하고 마무리하려는 책임을 지면 어떨까요? 회사에서 일을 한다는 것은 내가 할 수 있는 일만 하는 것이 아닌 나의 책임을 다한다는 뜻이죠. 프로는 실력만으로 평가받지 않습니다. 중요한 건 실력 그 자체보다 어떤 자세로 그 실력을 활용하느냐입니다. **진짜 프로를 구분 짓는 것은 바로 책임감**입니다. 그리고 이 책임감은 자기관리에서 비롯됩니다.

••• 직접 관리하세요. 남의 관리 받지 말고

흔히 '프로'라고 하면, 발표를 잘하는 사람, 회의 때마다 기지를 발휘하는 사람, 청중을 사로잡는 강연자 같은 이미지를 떠올립니다. 하지만 저는 그렇게만 생각하지 않습니다. 진짜 프로는 자신을 직접 관리하고 일을 끝까지 해내는 사람이라고 믿습니다. 자기관리는 내가 내 기준으로 관리하고 나를 더 성장시키는 것이죠. 남의 기준에 나를 맞추는 게 아닙니다.

재미있는 예를 들어보죠. 가수 싸이에 대한 농담이 하나 있습니다. "싸이가 자기관리에 실패하면 살이 빠진다" 보통 자기관리는 체중 감량이나 근육 만들기처럼 외형적인 것에 집중됩니다. 하지만 싸이에게는 다릅니다. 그는 건강을 해치지 않는 선에서 자신의 캐릭터에 맞는 외형과 무대 분위기를 꾸준히 유지합니다.

그의 개성, 무대 매너, 노래 스타일은 그만의 정체성을 지탱하는 자산이죠. 그러니까 자기관리는 단순히 남들이 말하는 표준을 따라가는 것이 아니라, 자기만의 기준과 컨디션을 설정하고 그것을 꾸준히 조율하는 것입니다.

무조건 성실하고, 무조건 최선을 다하라는 이야기가 아닙니다. 오히려 최고의 자기관리는 자기 상태를 잘 알고, 최상의 컨디션을 스스로 만들어가는 것입니다. 싸이처럼 무대에서 웃고 춤추며 즐기는 모습을 보여주기 위해, 무대 밖에서 에너지와 컨디션을 조절하는 것, 이게 바로 프로다운 자기관리입니다.

'캐롤 드웩Carol Dweck'의 저서 『마인드셋』에서 소개된 스탠퍼드 인간 성장 프로젝트(2023)에 따르면 세상에는 2가지 마인드가 있다고 합니다. 배우지 않으려는 '고정 마인드셋'과 배우려는 '성장 마인드셋'이죠. 고정 마인드셋은 "난 원래 숫자에 약해", "나는 발표에 소질 없어"라고 생각합니다. 반면 성장 마인드셋은 "아직은 서툴지만 배울 수 있어", "한번 시도해 보자"라고 말합니다. 이런 마인드셋은 고정되어 있는 것이 아니라 경험과 학습을 통해 바뀐다고 합니다. 결국 우리는 누구나 성장 가능한 존재라는 뜻이죠.
앞서 이야기한 "저는 이거 싫은데요. 이건 제 스타일이 아니에요", "이건 해본 적이 없어서 못 하겠습니다", "저는 기획만 해봐서 운영은 잘 몰라요. 그래서 못 하겠습니다"를 성장형 마인드로 자기관리를 적용해서 이렇게 바꿔보는 건 어떨까요?

▌"어색하지만 시도해 보고 중간에 의논드릴 테니 피드백 부탁드리겠습니다."

▌"유사 사례를 빠르게 확인하고 오늘 1차 안을 만들어 공유하겠습니다."

▌"기획은 익숙하고 운영은 학습 중입니다. 운영 흐름을 파악해 초안을 말씀드릴게요."

물론 어떤 대답을 할지는 자신의 선택이죠. 그래도 부정적 사람보다 시도하는 사람, 긍정적인 사람이면 좋겠어요. '아직은 못하지만, 해볼 수 있다'라는 태도가 살면서도 긍정적인 면에 집중하고 새로운 기회의 문을 여는 열쇠가 되니까요. 어느 누가 부정적인 사람이나 자기 생각만 내세우는 독재자와 일하고 싶겠어요.

야구 예능 프로그램에서 김성근 감독이 20년 이상 프로야구를 경험한 선수들에게 이런 말을 했습니다. "출연료를 받았으면 프로야. 프로는 아파도 뛰는 거야. 아프면 프로가 아니지" 물론 이 말이 "무조건 참아라"라는 의미는 아닐 겁니다.

김성근 감독님의 말은 "자신이 선택했다면 끝까지 책임져야 한다"라는 의미겠죠. 하고 싶은 것만 하는 것이 아니라 책임에 따라 디테일하게 잘하고 끝까지 마무리해야 한다는 것이겠죠.

요즘 '잘할 수 있어', '잘할 거야', '화이팅'이라는 자기실현과 자기 위로가 많이 회자됩니다. 예쁘고 아름다운 말이지만, 이런 말들이 현실에서 존재하고 반짝이려면 반드시 함께 따라야 하는 것이 있습니다. 바로 책임입니다.

자율은 책임 위에서 빛나고, 책임은 자율 안에서 자랍니다. 무책임한 위로와 대책 없는 응원은 껍데기일 뿐입니다. 회사에 입사하고 월급을 받는 우리도 '프로'입니다. 일을 하기로 했다면, 목적지까지 가야 합니다. 중간에 마음이 바뀌거나, 예상보다 일이 복잡해졌다고 해서 멈출 수는 없습니다. 그럴 거면, 애초에 시작하지 않는 편이 낫습니다.

　　　　이 글을 쓰고 있는 저도 출판사와 계약한 원고를 마감하기 위해 이 문장을 완성하고 있습니다. 쉽지 않습니다. 결코, 절대, 네버. 그래도 끝까지 해내야죠. 저도, 여러분도, 프로니까요.

19

에스프레소 같은
업무 레시피를 챙기세요

아침에 커피 한잔 드시는 경우 많으시죠? 아메리카노, 카페라테, 캐러멜 마키아토처럼 커피 메뉴는 다양하지만, 그 출발은 언제나 에스프레소입니다. 작은 잔에 담긴 진한 한 모금. 양은 적지만 그 안에 커피 본연의 깊이가 응축돼 있죠. 바리스타들은 이렇게 말합니다. "에스프레소를 제대로 뽑을 줄 알아야 모든 커피를 잘 만든다"라고 말이죠.

일에서 에스프레소는 화려한 프레젠테이

션이나 눈에 띄는 성과보다 보이지 않는 기본기입니다. 기본기가 약하면 성과는 잠깐 반짝이다가 금세 사라집니다. 그래서 자기 일의 핵심을 잘 정리하는 일의 기본기 업무 레시피가 필요합니다.

에스프레소가 커피 맛의 기본이듯, 업무 레시피는 일이 흔들리지 않게 하는 기본입니다. 요리에서 레시피가 빠질 수 없는 것처럼, 일에서 레시피는 토대가 됩니다.

••• 일의 기본기는 에스프레소

업무 레시피는 단순한 매뉴얼이 아닙니다. 내가 어떻게 일할지, 팀이 어떻게 호흡할지를 담은 지침서이자 약속 같은 거죠. 이게 없으면 같은 실수를 반복하고, 팀은 각자 제 방식으로만 움직이며, 그 과정에서 불필요한 갈등이 생깁니다. 시간과 에너지는 낭비되고 결과물은 들쭉날쭉해집니다.

반대로 업무 레시피가 있으면 손발이 맞고, 문제가 생겨도 "누구 잘못이냐"보다는 "어떻게 개선할까"라는 대화가 오갑니다. 팀이 함께 쓰는 업무의 기본이 있으면 매우 좋지만 없다면 자신만의 레시피를 만든다고 생각하면 됩니다. 어디서 누구와 일하든 나의 성과를 만드는 레시피는 필요하니까요.

그렇다면 업무 레시피에는 어떤 것들이 들어가야 할까요? 다음 9가지를 참고해 보세요.

1. 업무 개요

여기에는 자신이 상대하는 주요한 고객과 그들에게 제공해야 하는 업무의 가치, 그리고 업무에 대한 간략한 설명을 적습니다. 누군가에게 자신의 업무를 소개하는 문장이라고 생각하면 됩니다.

2. 주요 업무

1년 동안 꼭 집중해야 할 핵심 과제 5가지 정도를 정리합니다. 이 업무들이 나의 이력서를 채우는 주요한 내용이라고 생각하면 됩니다.

3. 업무 수행 원칙

일하는 태도와 자세에 관한 약속이며 주로 일하면서 리더나 부서 내에서 강조되는 사항입니다. 데이터 근거, 일정 준수, 협업 태도, 책임 의식 같은 것이 대표적입니다. 이런 원칙이 있어야 함께 일하고 싶은 동료가 됩니다.

4. 업무 실행 단계

누가 담당자이고, 누가 협업자이며, 누가 의사결정자인지를 정리합니다. 이 구조가 명확할수록 책임을 떠넘기기보다 개선에 집중할 가능성이 커집니다. 대부분 업무는 초안을 만들고 이를 다른 부서나 팀원과 협의하여 조율하고 이에 따라 의사결정을 요청하는 과정으로 이뤄집니다.

5. 업무 관리 포인트

일마다 반드시 챙겨야 할 핵심 활동과 월 단위로 반복되는 업무를 정리합니다. 이런 반복적이고 정형화된 업무는 챗GPT나 앱을 사용해서 양식과 내용을 만들어 놓으면 시간이 절약됩니다.

6. 자가 점검 리스트

자가 점검 리스트는 내가 주로 반복하는 실수를 정리합니다. 반복되는 실수를 체크박스로 표시할 수도 있지만, 질문 형태로 작성해 두면 혼자서도 실수를 고치는 좋은 도구가 됩니다.

7. 성과 지표

내가 일에 주도권을 가지려면 내 성과를 어떤 기준으로 볼지 정해야 합니다. 주로 이전에 썼던 부서의 성과 지표들을 활용합니다.

8. 업무 경험 학습

성공과 실패를 모두 기록해 자산화합니다. 내 경험뿐 아니라 동료의 경험도 공유해 반복되는 실수를 줄입니다. 여기에는 주로 부서 내에서 또는 다른 팀원이 대박 또는 기억에 남는 사건이나 사고 그리고 성공 사례들을 정리합니다.

9. 업무 용어와 약어 정리

같은 언어로 대화하는 게 협업의 출발점입니다. 일할 때 약어나 용어, 자주 쓰는 단어 등을 정리해 두면 새로 합류한 동료도 쉽게 이해할 수 있습니다.

이렇게 정리된 업무 레시피는 일을 할 때 업무의 흐름을 파악하는 마치 악보 같은 것이죠. 마케팅팀의 사례를 통해 업무 레시피 작성법을 알아봅시다.

'시장을 분석하고 차별화된 전략을 제시한다'가 업무 개요가 될 수 있어요.

목표 고객	20대 후반~30대 초반 여성 소비자
제공 가치	브랜드 인지도를 높이고 제품에 대한 긍정적인 첫인상을 심어주는 것
핵심 정의	데이터 기반의 시장 분석을 토대로 차별화된 전략을 기획·실행하여 고객의 신뢰와 흥미를 동시에 얻는다

이 일 저 일 많이 하지만, 내가 하는 중요한 업무를 5가지 내외로 적습니다.

시장 조사	분기별 소비자 설문조사 및 트렌드 리포트 작성
경쟁사 분석	주요 경쟁사의 광고 캠페인, 가격 정책, 콘텐츠 전략 비교
캠페인 전략 수립	연간·분기별 캠페인 기획안 작성 및 발표
영업팀 협업	현장의 고객 반응 수집, 자료 지원, 프로모션 공동 기획
콘텐츠 제작·운영	SNS 광고, 블로그 포스팅, 유튜브 숏폼 콘텐츠 관리

업무 수행 원칙에는 부서장이나 선배들이 강조하는, 한마디로 평소에 잔소리나 입버릇처럼 말하는 내용을 정리합니다.

데이터 근거	감보다 수치를 우선한다
일정 준수	마감일은 협상의 대상이 아니다
협업 태도	피드백은 24시간 안에 반영한다
책임 의식	결과가 좋든 나쁘든 끝까지 책임진다

업무별로 실행 단계를 정리하면 급할 때 빠뜨릴 실수를 방지할 수 있습니다.

담당자(본인)	시장 조사, 캠페인 초안 작성
협업자	디자인팀(광고 비주얼), 영업팀(현장 자료), 홍보팀(언론 대응)
의사결정자	마케팅팀장, 최종적으로 본부장 승인

업무 관리 포인트 작성을 루틴화하면 실수는 줄고, 성과는 쌓입니다.

- 주간 KPI 리포트 작성
- 광고 집행 시 최소 2가지 카피 A/B 테스트 진행
- 캠페인 중간 점검 회의에서 즉각 수정
- 종료 후 리뷰 보고서 작성 (성과 + 개선점)

자가 점검 리스트를 작성 해 두면 상사가 지적하기 전 문제를 빨리 발견하고 바로잡을 수 있게 해줍니다.

이번 캠페인의 타깃은 명확한가?
광고 카피에 고객 인사이트가 반영됐는가?
메시지가 단순하고 직관적인가?
성과 지표는 측정 가능한가?
일정 관리에 누락된 업무는 없는가?

상사들은 한번 물어본 것을 또 묻는 습관이 있으니 성과 지표를 작성해 두면 미리 대비할 수 있습니다.

노출 수(브랜드 인지도)
클릭률(CTR, 관심도)
전환율(CVR, 구매·가입 행동)
참여도(좋아요, 댓글, 공유 등)
ROI(투자 대비 효과)

남의 좋은 점은 내 것으로 만든다는 생각으로 업무 경험 학습을 정리합니다. 일종의 벤치마킹이라고 생각하면 됩니다.

성공 사례	분기 SNS 광고에서 "짧은 카피 + 감각적 이미지" 조합으로 CTR 1.5배 상승

실패 사례	블로그 콘텐츠가 길어 독자 이탈률 상승 → 다음 기획에서 3분 안에 읽을 수 있는 글로 수정
학습 정리	성공·실패 사례를 기록해 팀 공유 폴더에 정리, 신규 입사자도 참고할 수 있게 함

업무 용어나 약어를 정리할 때는 그 뜻이나 원래 어떤 말인지 모르고 사용하면 괜히 잘난 척하는 사람으로 찍힐 수 있으니, 용어의 정확한 뜻을 파악해 두세요.

CPC: Cost Per Click, 클릭당 비용

CTR: Click Through Rate, 클릭률

CVR: Conversion Rate, 전환율

ROI: Return on Investment, 투자 대비 효과

KPI: Key Performance Indicator, 핵심 성과 지표

비범한 내용을 일회성으로 정리하기보다 업무를 하면서 발생하기 쉬운 실수나 평범하지만 놓치기 쉬운 업무 처리 과정 등의 내용을 꾸준히 기록하면 됩니다. 일종의 자신의 업무 훈련 기록 일지라고 생각하고 기록해 보세요.

일하는 기본기와 비법을 담은 나만의 레시피가 있다면 어떤 상황에서도 당황하지 않습니다. 예를 들어 새로운 제품의 개발 또는 런칭, 예산 삭감, 협력업체의 변경, 광고 기획사 선정 등 갑작스러운 변화도 꾸준히 업데이트하면 기본을 지킬 수 있고, 기본 기술을 바탕으로 상황에 맞는 응용이 가능합니다.

●●● 단순해야 단단합니다

제가 생각하는 성장은 변혁의 거창함이 아니라 일상의 사소함에서 비롯된다고 생각합니다. 매일의 시장 조사, 캠페인 후 리뷰, 데이터 체크 같은 기본기를 놓치지 않는 것, 그게 단단한 성장을 만듭니다. 내 일상의 업무 관점, 이메일 보내기, 1페이지 현황 파악 등이 쌓여 나를 만들고, 그런 단순한 날들이 모여 나를 단단하게 만들죠. 그래서 직장 생활은 단순함을 버티는 사람이 오래 갑니다. 나만의 업무 레시피를 만들어 보세요. 한 조각 한 조각의 내용을 채워야 하니 지루할 수 있지만, 그 지루함을 넘어 쌓는 힘이 차이를 만듭니다. 다시 한번 강조하지만, 복잡할 필요 없습니다. 단순하게 하되 포기하지만 마세요.

처음에 이야기했던 커피로 돌아가 보죠. 에스프레소는 늘 같은 방식으로 추출하지만, 그 한 잔에서 수많은 변주가 나옵니다. 일도 마찬가지입니다. 단단한 기본기가 있어야 확장할 수 있습니다.
업무 레시피가 없는 사람은 매번 흔들리지만, 있는 사람은 어떤 상황에서도 자기만의 기준으로 움직입니다. 바리스타들 사이에서는 이런 말이 있습니다. "에스프레소는 작은 잔에 담긴 커피의 진심이다" 일을 오래 하는 사람도 마찬가지 아닐까요?

화려하게 빛나는 순간은 짧지만, 오래 기억되는 건 결국 기본에 충실했던 순간들입니다. 여러분도 오늘 한 잔의 커피처럼, 작은 루틴을 하나씩 만들어 보세요. 그 작은 습관이 모여서 여러분만의 단단한 업무 레시피가 될 겁니다.

20

자신의 휴민트 네트워킹을
만들어 보세요

회사에서 일하다 보면 경영진이나 팀장이 어떤 프로젝트를 시켜놓고 다시 이렇게 묻는 상황이 생깁니다.

"이거 꼭 해야 해?"

아니, 본인이 시켜놓고 이렇게 물어보는 이유는 뭘까요? 여기서 말하는 '꼭'이라는 건 단순히 필수냐 아니냐를 묻는 게 아닙니다. 사실 속뜻은 이렇습니다. "네가 가져온 대안이 정말 최선이냐?", "동종 업계 경쟁사도 이렇게 하고 있냐?", "데이터 기반으로 충분히 분석했냐?"라는 거죠. 즉, 단순히 아이디어를 가져오는 걸로는 부족합니다.

일을 요청하는 상사 입장에서는 자신이 시킨 일이 과연 제대로 검증된 건지, 지금 제안된 방안이 정말 믿을 만한 건지 확신이 없을 때 이런 질문을 던지는 겁니다. 그런데 회사 안에는 참고할 자료도, 물어볼 전문가도 없을 때가 많습니다. 이쯤 되면 "외부 전문가에게 자문을 구해봐라"라는 지시가 따라옵니다. 여기서 질문이 하나 생기죠.

도대체 전문가란 누구이고, 어디서 찾을 수 있을까요? 그리고 내부 직원들의 의견보다 왜 외부 전문가를 선호할까요?

먼저 말씀드릴 것이 있어요. AI가 업무 환경에 깊숙이 들어올수록 소문에 의존하는 정보나 단순히 검색사이트에서 찾아낸 정보는 그 가치가 줄고, 신뢰의 네트워크에 의존한 정보가 더 귀하게 대접받을 것으로 저는 예상해요. 이걸 '휴민트humint'라고 합니다. 휴민트는 '휴먼 인텔리전스human intelligence'의 축약으로 대인 커뮤니케이션을 통한 정보 수집이죠.

물론 AI가 유용한 정보는 디지털로 관리되고 구조화되며 예측이나 분류에 적합합니다. 앞으로 이건 AI가 광속으로 씹어 먹을 겁니다. 하지만 휴민트는 겉으로 드러나지 않는 진짜 동기와 이해관계, 공식 문서에는 등장하지 않는 감정이나 관계의 결, 조직 분위기가 지금 어디로 기우는지 등을 포함하며, 이런 정보는 귀해 질 겁니다. 여기서 말하는 '휴민트 네트워킹'은 이런 휴민트를 관리하는 방법입니다.

●●● 왜 휴민트 네트워킹이고 어떻게 만들까?

많은 직장인이 이런 경험을 합니다. "내가 똑같은 얘기를 했는데, 외부 컨설턴트가 하니까 갑자기 다들 움직이더라" 이건 단순히 권위에 기대는 문제가 아닙니다. 그 이면에는 몇 가지 심리가 숨어 있습니다.

첫째, 외부 시선에 대한 기대입니다. 리더들은 내부에서는 보지 못한 결점을 외부 전문가가 날카롭게 짚어줄 거라 믿습니다. 실제로 외부 전문가는 기존 틀에 얽매이지 않고 더 급진적인 제안을 하기도 하죠. 그런데 막상 들어보면 내부에서도 이미 알고 있던 내용일 때도 많습니다.

둘째, 면책 심리가 있습니다. 새로운 시도는 리스크가 크죠. 만약 실패했을 때, "○○ 컨설팅도 이렇게 하라고 했다"라는 말은 강력한 방어선이 됩니다. 책임이 분산되는 거죠.

셋째, 중립성에 대한 기대입니다. 내부 직원이 말하면 '개인의 욕망'으로 보일 수 있습니다. 반면 외부 전문가는 이해관계가 적다고 여겨져서 '객관적이고 조직 전체를 위한 목소리'로 받아들여집니다.

이런 이유로 회사는 종종 외부 전문가의 말에 더 신뢰를 두는 겁니다. 그렇다면 우리는 이 흐름을 무작정 비판할 게 아니라, 어떻게 하면 우리 스스로

휴민트 네트워킹을 잘 구축하고 활용할 수 있을지 고민
해야 합니다.

휴민트 네트워킹은 쉽게 말해, 회사 안에
서는 구하기 어려운 정보와 경험을 가진 외부 사람들
과의 연결망입니다. 여기에는 업계 강사, 경영 컨설턴
트, 다른 회사에서 실무를 경험해 본 사람들까지 포함
됩니다. 핵심은 자료 자체보다 경험입니다. 단순히 문서
한두 장 얻는 게 목적이 아니라, 그 자료를 실제 업무에
적용할 때 어떤 문제가 생길지, 어떤 효과가 있을지를
현실적으로 가늠할 수 있어야 하거든요.

예를 들어 상사가 "그래서 어쩌라는 거
야?"라고 물었을 때, 외부 네트워킹에서 얻은 경험과
사례를 근거로 답할 수 있다면 훨씬 설득력이 생깁니
다. 외부 네트워킹에서 얻을 수 있는 정보는 크게 트렌
드 전문가, 방법이나 이론에 대한 전문가, 사례 관련 전
문가 이렇게 세 가지로 나눌 수 있습니다.

▎트렌드 전문가_ 업계 흐름, 시장 동향 같은 일반적인 정보입니다. 뉴스나 기사, 산업 리포트에서 쉽게 얻을 수 있지만, 더 깊이 있는 분석은 업종별 애널리스트나 전문 강사에게서 얻을 수도 있습니다.

▎방법이나 이론에 대한 전문가_ 새로운 제도나 시스템을 구축할 때 필요한 구체적 절차와 운영 방법입니다. 보통 전문 컨설턴트들이 이런 경험을 갖고 있습니다.

▎사례 관련 전문가_ 쉽게 말해 사례를 수집하기 위한 컨택 포인트이며, 가장 구하기 어려운 정보입니다. 다른 회사가 실제로 어떤 문제를 겪고 어떻게 해결했는지, 그 현장의 디테일은 업무 당사자나 실무자가 아니면 알기 어렵습니다. 그래서 업계 커뮤니티나 사조직 모임 같은 곳이 유용해집니다.

그럼, 이제 방법을 구체적으로 살펴보죠. 먼저 트렌드 네트워킹입니다. 가장 손쉽게 접근할 수 있는 방법은 교육을 듣는 겁니다. 회사 교육 프로그램이든, 사비로 듣는 공개 강의든 상관없습니다. 강의 후에는 꼭 강사 명함을 챙기고, 메모를 남겨두세요. 나중에 작은 질문 하나를 던질 수 있는 창구가 됩니다.

다음은 방법과 이론 네트워킹입니다. 방법과 이론은 실제 프로젝트에 참여해야 배울 수 있습니다. 업무 개선이나 시스템 구축 프로젝트가 있을 때, 꼭 테스크 포스^{임시 조직}에 참가해 보세요. 외부 컨설턴트들과 논의하면서 자연스럽게 노하우를 흡수하게 됩니다. 프로젝트가 끝난 뒤에도 연락을 이어가세요. 지금은 필요 없더라도 훗날 큰 도움이 됩니다.

끝으로 사례 네트워킹입니다. 사례를 얻으려면 업계 커뮤니티가 중요합니다. 온라인 포럼, 직무별 모임, 심지어 업계 세미나에서의 짧은 대화도 기회가 됩니다. 당장 대단한 정보를 얻지 못하더라도, 얼굴을 트고 몇 번 대화하다 보면 어느 순간 "사실 우리도 이런 문제 있었어"라는 이야기가 나옵니다. 여기서 중요한 건 거절당하는 걸 두려워하지 않는 태도입니다. 열 번 시도해서 한 번만 성공해도, 그 인맥 하나가 큰 힘이 됩니다.

요즘은 챗 GPT인 GEMINI나 DeepSeek 등 생성형 인공지능을 활용해 트렌드, 방법과 이론 등을 쉽게 얻을 수 있죠. 생성형 인공지능을 활용할 때는 주의해야 할 것이 있어요. 하나는 의사결정을 하는 임원이나 팀장들은 보고 받는 자료의 양보다 자료의 출처 등 질적인 면을 중요하게 생각합니다. 다른 하나는 회사 정보를 외부 AI에 올리는 경우 정보 유출로 인해 문제가 될 수 있으니 꼭 주의하세요.

인사 담당 팀원이 작성한 네트워킹 예시를 들어볼게요. 저는 주로 표로 만들어서 엑셀로 관리하는데, 어떤 분은 구글 킵이나 리멤버 같은 앱으로 관리하기도 합니다. 표의 세로축은 자기 업무에 해당하는 내용인 채용, 성과 평가, 보상/급여, 조직문화, 노무로 구분했고, 가로축은 필요한 내용인 트렌드, 관련 방법, 사례 등으로 구분했습니다. 칸에는 필요한 정보의 내용과 전문가를 알게 된 출처와 연락처를 추가했습니다. 필요한데 아직 확보하지 못한 네트워킹은 추후 확보로

구분	트렌드	방법과이론	사례
채용	추후 확보	추후 확보	A사 양○○ [대학동문]
성과평가	B컨설팅 유○○대표 [외부 강의]	X 강사 [전 담당자, 회사선배]	추후 확보
보상/급여	추후 확보	Y컨설팅 김○○전무 [컨설팅 의뢰]	추후 확보
조직문화	D교육업체 송○○상무 [협회 활동]	추후 확보	C사 [모임, 이직 경력]
노무	추후 확보	E노무법인 지○○노무사 [학교 선배]	추후 확보

표시해 둡니다.

••• 지금부터 작게, 꾸준히 가꾸세요

　　많은 분이 "지금은 아직 내가 그런 네트워킹을 만들 단계가 아니야"라고 생각할 수도 있어요. 하지만 실무에 치이고 바빠진 후에 갑자기 업무 네트워킹을 만들기는 어렵습니다. 네트워킹은 씨앗을 심고 싹이 트는 시간이 필요합니다. 신뢰할 만한 정보를 주고받는 관계가 명함을 주고받는 즉시 생기는 것은 아니니까요. 그러니 지금부터 작은 시도를 해보세요. 그리고 꾸준히 정성껏 네트워킹을 관리해야겠죠.

　　교육장에서 명함 하나 받기, 프로젝트에서 컨설턴트와 인사 나누기, 업계 커뮤니티 글 하나 올리기. 이런 작은 시도들이 몇 년 뒤에는 여러분의 든든한 업무 네트워킹으로 바뀝니다. 시도한 사람과 그렇지 않은 사람은 2~3년만 지나도 눈에 띄는 차이가 납니다. 내공이 쌓이고, 문제 해결 속도가 빨라지며, 상사에게 신뢰받는 정도도 달라집니다.

휴민트 네트워킹은 단순한 인맥 쌓기가 아닙니다. 내가 가진 정보를 보완해 주는 두 번째 두뇌이자, 의사결정의 방패막이이고 새로운 기회를 여는 열쇠입니다. 내부에서 고민하다 막히면 답답하지만, 외부 전문가 한 명의 경험이 길을 열어 주기도 합니다. 지금은 사소해 보이는 시도라도 꾸준히 해두세요. 미래의 어느 순간, 여러분은 그 네트워킹 덕분에 결정적 도움을 받게 될 겁니다.

작가의 친절한 잔소리　"저라면 이렇게 해 보겠어요"

- 네트워킹 후 24시간 안에 간단한 감사 메시지를 보내세요.

- 받기만 하는 사람에서 벗어나 내가 알고 있거나, 알게 된 정보를 공유해 보세요.

- 한 번 스쳐 간 사람이 아닌 계속 관심이 있는 사람으로 기억하게 하려면 3~4개월 안에 한 번 더 연락하세요. 잊혀질 만할 때 별다른 목적 없이 가벼운 안부 전하기가 좋습니다. 왕래가 있어야 거래가 가능해요.

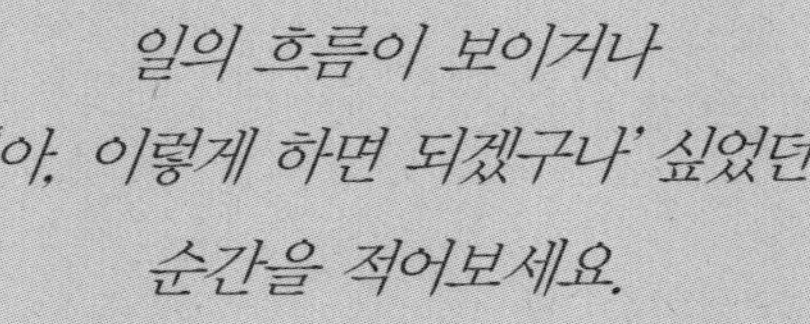

일의 흐름이 보이거나
'아, 이렇게 하면 되겠구나' 싶었던
순간을 적어보세요.

직장 생활의 공기를 읽어라

초판 1쇄 발행 2026년 01월 11일

지은이 윤영철
펴낸이 박성인

펴낸곳 허들링북스
출판등록 2020년 3월 27일 제2020-000036호
주소 서울시 강서구 공항대로 219, 3층 309-1호(마곡동, 센테니아)
전화 02-2668-9692 | 팩스 02-2668-9693
이메일 contents@huddlingbooks.com

ISBN 979-11-91505-60-3(03320)